正しく理解する労災の

行政・司法（刑事・民事）と損害賠償のアウトライン

弁護士・元労働基準監督官 **中野公義**［著］

日本法令

はしがき

　「事故（労災）が起きました」と社員から連絡・報告があったとき，人事労務担当者は何を考え，どのような事態を想定し，どのような対応をすべきでしょうか？

　あるいは，顧問として，どのようなアドバイスをすべきでしょうか？

　本書は，「労災」を起点として，それに関連する被災労働者と労災保険との関係，同人に対する事業主の補償ないし賠償義務，労働安全衛生を目的とする行政との対応といった，権利関係やそれを実現するための一連の手続を理解するために必要となる基礎的な知識について説明するものです。

　労務に関するトラブルのうち，解雇，賃金不払いが多くを占めるのは確かですが，長時間労働やハラスメントが生じた場合には，精神障害を発症するなどして労災認定を受けるケースは少なくありません。

　また，過労死や過労自殺を含む事故（労災）による賠償が問題となる場合，事業主の賠償義務が高額になることもめずらしくなく，経済的な負担は決して軽視しうるものではありません。

　さらに，解雇・賃金不払いといった金銭の支払いを中心とした民事上のトラブルについて，基本的には，行政がこれに介入することは消極的ですが，労災については，労働安全衛生の観点から，その再発防止等を目的に，行政として関与すべき十分な理由も認められます。

　そして，場合によっては，行政指導にとどまらず，司法処分という刑事手続に発展することにより，捜査機関とのシビアな関係が生ずることもあります。

　上記のようなことを踏まえれば，冒頭のような報告を受けたとき，会社の人事労務担当者であれば，事故そのものの対応はもちろんのこと，今後，行政との間や被災労働者との間でどのような対応をすべきかを想定したうえで，あらかじめ，そのために必要な準備に着手して

おくべきともいえます。

　社会保険労務士・弁護士の先生方であれば，それまでに生じ，あるいはその後生じるであろう出来事の全体像を理解・想定してアドバイスを行う必要があるのは当然のことといえます。

　しかしながら，労働関係について書かれた書籍の多くは，労働契約の成立，解雇・雇止等によるその終了ならびに賃金および労働時間を中心とした労働条件等に関する内容にその多くの紙面が割かれ，労災（労災補償，安全衛生，行政規制）については相対的に扱いが軽くなる場合が多いように思われます。

　また，司法（行政，民事，刑事）について，法曹関係者等向けに，それぞれを個別的・専門的にまとめた書籍はあるとしても，労災との関係で，必要な程度でこれらをまとめて説明するものはあまりなかったものと思われます。

　以上のような問題意識から，実務における必要十分な範囲で「労災」の全体像を理解してもらうことを目的に，本書を執筆したものです。

　本書で言及する内容の多くについては，難解な議論には踏み込まず，気軽にご覧いただけるようにしながらも，行政指導・行政処分，さらには民事・刑事の裁判手続まで含めて一冊にまとめていますので，その全体像をそれほど困難なく理解していただけるものと考えています。

　また，意見にわたる部分は，著者の経験やそれに基づく推察・考察等に基づくものですが，各法令や行政通達を読むだけでは気付きにくい内容となっているはずです。そのため，本書が，基礎的な知識を既に有し，実務で活躍されている社会保険労務士・弁護士の先生方等についても，これらについて更なる理解を深め，問題意識を高めていただけることの一助になれば幸いです。

　令和５年10月

弁護士　中野　公義

┃目　次┃

第1章　雇用と労災

第2章　労災保険の基本（補償・徴収）

第3章　労災と労働安全衛生

第4章　労災と行政活動等

第5章　労災と司法（刑事）

第6章　労災と労働契約

第7章　労災と司法（民事）

第8章　労災と民事賠償責任との調整

第9章　労災「超」基礎知識

雇用と労災

　本章では，これ以降の章で個別に触れることとなる，労災を起点とした労働関係の全体像について簡単に説明します。また，その理解のために，労働法ないし「労災」という概念がない場合の権利法律関係やそれに関連する手続や制度についても説明します。

労災を起点とした行政と司法による労働法の全体像

Q

「労災」が起きたときの，労働者や使用者（事業主）の権利関係や，それに伴う手続等はどのようなものとなりますか？

A

被災した労働者の権利および事業主が負う義務だけでなく，各当事者と行政との関係や，裁判所との間での司法的な手続が生じることとなります。

? 疑問点

「労災」と聞くと，被災した労働者の補償や，そのための労災保険手続が真っ先に思い浮かぶところですが，どのような法令に基づき，労働者の権利義務，事業主としての行政上の義務等が生じるものとされているのでしょうか。

解　説

▍労働関係法令

被災したのが労働者であり，いわゆる労働関係法令の適用を受けう

る場合には，労働者および事業主に対して，次のような法令の適用が問題となります。この場合，主に，対行政との手続を要することとなります。

- ・労働者災害補償保険法（労災保険法）
- ・労働基準法（労基法）
- ・労働安全衛生法（安衛法）
- ・労働保険の保険料の徴収等に関する法律（徴収法）

自動車事故の場合

また，労災事故が，自動車の運行により生じた場合には，自動車損害賠償補償法（自賠法）の適用や，損害保険会社に対する請求の手続を要する場合もあります。

行政手続の関係

被災した労働者が労災保険の給付を受けようとすれば，行政（労働基準監督署）に対する手続を要することとなりますし，それが認められない場合には，その処分の取消しを求め，審査請求や行政訴訟に進まなければならないことにもなります。

また，事業主としては，保険契約者として，保険者である政府（行政）に対して保険料を支払う義務を負っているだけでなく，労災の発生に関連して，なんらかの法違反が存在すればそのことについて指摘を受け，労災自体の発生防止等を目的に，改善や報告を求められることもあります。

民事司法（労働者と事業主）

　さらに，労働者が労災保険給付を受けたとしても，労働者と事業主との間の損害賠償義務が残ることもあり，その場合には民事訴訟手続で権利関係が判断されることにもなります。

刑事司法（事業主と捜査機関）

　加えて，法令の違反があれば，事業主に対する罰則を科すために捜査が行われ，起訴され，罰金の納付等を命じられる場合もあります。ここでの捜査は，警察が行えないものではありませんが，労基法，安衛法等の違反があれば，主に労働基準監督官が捜査を行い，検察庁へ送検し，検察官が起訴することになります。

　以上のように，労災が生じたことで，労災保険から保険給付を受けるということ以外に，事業主として様々な手続等を要する場合が想定されますし，保険給付を受けるために労働者として手続的な負担を負う場合が想定されます。

　なお，労働関係法令の適用を受けるには，当然ながら，国内における事業として，その労働者が事故（労災）に遭ったことが必要です。

　労災保険法3条1項が「この法律においては，労働者を使用する事業を適用事業とする。」と規定することから，その事業は国内において行われる必要がありますし，仮に海外で事故があったとしても，国内の事業として海外出張を行った時のことであれば，法令の適用を受けることができます（ただし，特別加入制度については例外です。これについては別の章で説明します）。

裁判例

　例えば，クラレ事件（令和 3 年 4 月13日東京地裁判決・労働判例 1272-43）では，ヨーロッパでの市場開発業務を行っていた労働者が海外で自殺したことから，その遺族から遺族補償給付等の請求が行われたところ，労働基準監督署長は，これに対して不支給決定を行いました。

　そこで，労働者の遺族がその取消しを求めて裁判所に訴えを提起したところ，裁判所は「亡Ｄ（注：労働者）が，単に労働の提供の場が海外にあるだけで国内の事業場である補助参加人（注：事業主）のジェネスタ事業部に所属して当該事業場の使用者の指揮に従って勤務している海外出張者に当たるとはいえない。」と述べて，不支給決定をした労働基準監督署長の決定を取り消すことはしませんでした。

労働法の適用がない場合

Q

　もし，労働関係法令の適用がない，あるいは，それ自体がない場合，労働者への補償等はどのようになりますか？

A

　労災保険給付を受けることはできません。民法の規定にしたがい，事業主が賠償義務を負うかどうかが判断され，また，過失があれば，刑法の規定にしたがい刑罰を科されることになります。

❓ 疑問点

　先の裁判例（クラレ事件）では，海外の事業であったため労働関係法令（特に，労災保険法）の適用がありませんでしたが，そもそも，民法や刑法の特別法である労基法や労災保険法がない場合，労働者は事業主から賠償を受けられるのでしょうか。また，事業主が刑事罰を科されることはあるのでしょうか。

解　説

法令の規定

　民法は，民事上の取引（経済活動）を規律するものであり，典型的な契約関係として，雇用関係についても規定をおいています（民法623条から631条まで）。

　そして，労災事故により労働者が損害を負った場合において，事業主（民法では使用者）に債務不履行（民法415条「その債務の本旨に従った履行をしないとき」）があり，これにより損害が生じたといえれば，損害賠償責任を負うことになります。

　また，債務不履行が，同時に，故意または過失行為にあたる場合には不法行為による損害賠償責任を負うことになります（民法709条）。

　これに対し，労基法75条以下は，災害補償を規定し，上記の「債務不履行」や「故意または過失」といいうる行為がない場合でも，事業主（使用者）に対して補償の義務を負うものとしています。

　そのため，労働者からすれば，事業主（使用者）において，いわゆる落ち度（過失）がない場合でも，事業主ないし労災保険から一定の補償を受けられるというメリットがあることになります。

　反対に，労働関係法令があるからといって，事業主（使用者）は，民法を根拠とする労働者に対する損害賠償義務を否定することはできません。

　労基法84条 2 項により，労災保険から補償を受けた場合には，同一の事由についてはその限度で民法による損害賠償責任を免れることが規定されていますが，それを上回る損害については，やはり，義務を免れないこととなります。

刑　法

　刑法は，殺人や窃盗といった行為について犯罪として規定し，その場合の刑罰の範囲を定めています。

　労災について，労基法や安衛法違反を理由に犯罪が成立することはありますが，これらが適用されない場合であっても，刑法の規定に該当すれば，その犯罪行為を行った者には刑罰が科されることとなります。

　労災とは直接的に関係するものではありませんが，強制労働（労基法5条）にあたる行為が行われる場合には，逮捕・監禁罪（刑法220条），暴行罪（刑法208条），傷害罪（刑法204条）等が成立することが容易に想定されます。この場合は，労基法5条がなくとも，これらにより犯罪となり刑罰が科されることとなります。

　労災で特に問題となるのは，業務上過失致死傷罪（刑法211条「業務上必要な注意を怠り、よって人を死傷させた者」）として責任を問われる場合です。

　安衛法は，特に，建設業や造船業における組織的な安全管理体制の構築を求めています（例えば，安衛法15条（統括安全衛生責任者）等）。そのため，直接的な違反行為だけでなく，管理体制を構築する義務がありながらそれを怠れば犯罪が成立することとなります。

　しかし，そのような法令の適用がない場合であっても，組織の中において，事故を予見し，その発生を回避しうるだけの措置を講ずる権限を有する者については，業務上過失致死傷罪の要件である過失が認められる場合があります。

適用除外

　現実的には，労働関係法令が民法や刑法の特別法として規定されていますので，労働者自らが，その賠償を求めて事業主の過失を立証し

なければその補償を一切受けられないということは考え難いところではあります。

しかし，労働契約があり雇用関係が成立していた（要するに，「労働者性」が認められる）としても，労働関係法令の中の適用除外に該当して，その適用を受けられない場合があります。

労基法116条1項は，船員法の適用を受ける船員についてはその適用を除外していますが，それ以外に，同条2項は，同居の親族のみを使用する事業および家事使用人についても適用を除外しています（なお，船員に労基法が適用されない理由は，例えば，船が遭難しそうな状況で，休憩（労基法34条）等を理由に，船員が船長の指揮命令に従わないとなれば，船が難破して大災害となる恐れがあるからです）。

▌裁判例

令和4年9月29日東京地裁判決は，家政婦兼訪問介護ヘルパーとして職業紹介会社に登録し（登録家政婦），求人者との間で雇用契約の締結が予定されていた者について，家事使用人に該当することを理由に労災を不支給決定としたことについて，その判断を争い，取消しが求められた事件でした。

この点，裁判所は，訪問介護サービスについては，「訪問介護サービスに係る部分（本件介護業務）については，本件会社（注：職業紹介会社）の業務と認められ，当該業務の種類，性質も家事一般を内容とするものであったとはいえないから，当該業務との関係では，亡B（注：登録家政婦）が労基法116条2項所定の『家事使用人』に該当するとはいえない。」と判断しました。

しかし，家事にかかる業務については，求人者との間での雇用契約に基づく業務であると判断し，「家事使用人」に該当すると判断しました。

そのため，訪問介護サービスの業務の限りにおいて死亡との業務起

因性を判断し，結果として因果関係を否定し，不支給決定を取り消すことはしませんでした。

■全体像

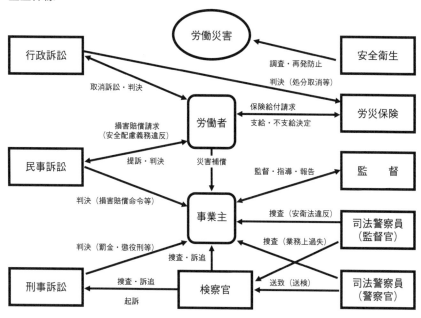

第2章

労災保険の基本
（補償・徴収）

　「労災」が発生した場合，その被災した労働者（被災者）が治療や補償を受けられるかどうかが最大の関心事となるはずです。特に，被災者の立場からすれば当然といえます。

　そこで，基礎的ではありますが，本章では，労働者が労災に遭った場合，労災保険から治療（療養）や休業補償といった保険給付を受けられる根拠や，そのための要件等，保険の全体像について説明します。

　そのため，例えば，精神障害の業務起因性を判断するにあたって，既往歴がある場合にそれが自然経過を超えて悪化したことが必要かどうかといった，やや特殊ないし難解な論点について触れることはしませんが，労災保険制度についての理解を下支えするため，基礎的な知識を整理していきます。

根拠（労働者災害補償保険法）

> **Q**
> 　仕事中の怪我について，補償が受けられるのはどのような法令の根拠があってのことでしょうか？
>
> **A**
> 　労災保険法が根拠法令の1つとして挙げられ，これにより保険関係が成立するからです。

？ 疑問点

　「労災」に遭えば補償を受けられるということは，漠然と知っているかもしれませんが，具体的に，どのような根拠法令および仕組みがあり，そのような制度が成り立っているのでしょうか。

解　説

原則：事業主の賠償責任

　前章でも説明しましたが，労働関係法令が存在しなければ，被災した労働者は，債務不履行ないし故意または過失を立証して，事業主に

対して損害賠償を請求しなければ，賠償を受けることができません（民法415条，709条）。

　そこで，労働者保護の観点から，労基法75条以下が災害補償を規定し，事業主（使用者）に対して，無過失責任として災害補償の義務を規定しました。

　しかし，労災事故それ自体は，事業活動における偶然の出来事ともいえることから，事業主としては，保険制度を創設し，その保険給付により災害補償を行うことが合理的といえます。他方で，労働者としても，事業主の資力にかかわらず一定の補償を受けられることは安心して就労できることにもつながります。

　そのため，労災により生じた損害をてん補するための保険として，法律により，労災保険を制度として定める必要性があり，事業主から保険料を徴収することも許容されます。

保険の定義

　保険法2条において，次のような定義が規定されています。

> 保険契約：保険契約，共済契約その他いかなる名称であるかを問わず，当事者の一方が一定の事由が生じたことを条件として財産上の給付（生命保険契約及び傷害疾病定額保険契約にあっては，金銭の支払に限る。以下「保険給付」という。）を行うことを約し，相手方がこれに対して当該一定の事由の発生の可能性に応じたものとして保険料（共済掛金を含む。以下同じ。）を支払うことを約する契約をいう（保険法2条1号）

> 保険者：保険契約の当事者のうち，保険給付を行う義務を負う者をいう（保険法2条2号）

> 保険契約者：保険契約の当事者のうち，保険料を支払う義務を負う者をいう（保険法2条3号）

> 被保険者：損害保険契約によりてん補することとされる損害を受ける者（保険法2条4号イ）

> 損害保険契約：保険契約のうち，保険者が一定の偶然の事故によって生ずることのある損害をてん補することを約するものをいう（保険法2条6号）

労災保険

　以上に照らせば，労災保険は，労働者の労災を保険事故（保険法5条）として，労災保険法7条に規定する保険給付が行われることを内容とする，国（政府）と事業主との保険契約であると理解することができます。

> 保　険　者：政府（労災保険法2条）
> 保険契約者：事業主（労災保険法3条1項，徴収法3条）
> 被　保　険　者：労働者（労災保険法7条）

　そして，労災保険の最大の特徴は，強制的に適用され，保険関係（徴収法3条）が成立することにあります（契約は，双方の合意により成立するのに対して，労災保険における政府と事業主との関係は，そのような合意を待たずに成立し，その関係を「保険関係」と呼んでいます）。

　例えば，自賠法は，自動車を運行に供することにより生じた損害の賠償を補償することを目的とするものですが，その中で規定される自

動車損害賠償責任保険（または同共済）は，損害保険会社等を保険者とすることとしています（自賠法6条）。

　しかし，労災保険は，政府がこれを監督して自らの事業として行うこととされ，そのための保険関係は，事業主の事業が開始された日に成立するものとされています。

　これにより，自動車損害賠償責任保険のように，運行の用に供する自動車について保険契約を締結しなければ，その自動車による事故に対して損害保険会社から保険給付がされないのと異なり，事業主の保険契約を成立させる意思表示（徴収法上の手続）の有無にかかわらず，強制的に保険関係が成立します。

　そして，労災により労働者が損害を被ったときは，労災保険法の所定の保険給付が受けられることとなります。

労災の定義

> **Q**
> 何を労災といいますか？
>
> **A**
> 労働者の業務に起因する負傷，疾病または死亡をいいます。

疑問点

　労災保険は損害保険の一種であることからすれば，その保険給付の条件となる保険事故である「労災（労働災害）」の意義が問題となります。

解　説

各法令における定義

　安衛法2条1号が「労働災害」の定義を規定していますが，それ以外の労基法，労災保険法は「労働災害」自体を定義せず，災害補償を行う場合として間接的に労災を定義しています。

　具体的には，労災保険法1条は「業務上の事由・・・による労働者

の負傷，疾病，障害，死亡等」に対する保険給付を行うことを同法の目的として規定しています。

　また，同法7条1項1号は，労災保険における保険給付として「労働者の業務上の負傷，疾病，障害又は死亡（以下「業務災害」という）に関する保険給付」と規定しています。

　労基法75条等も「業務上負傷し，又は疾病にかかった場合」における災害補償を規定し，労災保険法12条の8第2項が「労働基準法第75条・・・に規定する災害補償の事由・・・が生じた場合」に補償を受けるべき労働者等の請求に基づいて保険給付を行う旨を規定しています。

　そのため，労働関係法令では，業務上の（業務上の事由による）負傷や疾病をもって労災としているものと理解することができます。

労災の要件たる「業務上」とは

> **Q**
> 傷病等が「業務上」といえるのはどのような場合ですか？
>
> **A**
> 業務と傷病等との間に一定の因果関係が存在する場合をいいます。

? 疑問点

　業務上の傷病等とは，単に，労働者が事業場内において負傷した場合や，仕事にストレスを感じて精神障害を発症したような場合のすべてを含むものでしょうか。

解　説

▌業務遂行性

　業務上の傷病等といえるためには，「業務遂行性」があることがまず必要と解されています。このことは，労働者が労働契約に基づいて事業主の支配下にある状態に傷病等の発生の原因があることを意味します（労働法コンメンタール5「労働者災害補償保険法」八訂新版・

168頁）。

業務起因性

　その上で，業務と傷病等との間に一定の因果関係があることが必要と解されており，このことを「業務起因性」と呼んでいます。

　負傷については，業務起因性や業務遂行性の判断がそれほど問題となることはありません。社用車を用いた営業中に，私用で業務とは無関係な場所に立ち寄った際に事故に遭ったような場合はこれらが問題となる可能性はありますが，やはり，精神障害等の疾病を発症したような場合が，業務起因性が問題となる典型的なケースだといえます。

裁判例

　裁判例においては，具体的な事実関係を前提に，当該傷病等が<u>その労働者の従事していた業務に内在または通常随伴する危険が現実化したことによるものと評価できるかどうか</u>によって判断するものと解されています（昭和51年11月12日，平成8年1月23日，平成8年3月5日各最高裁判決）。

　このような理解のもと，労働者が勤務していたホストクラブにおいて飲酒による急性アルコール中毒により死亡したことを理由に，遺族が労災保険給付を請求したものの，労働基準監督署長が不支給決定としたことについて，裁判所は，次のように述べて，決定を取り消しています（令和元年5月29日大阪地裁判決）。

　「本件事故当日，本件クラブにおけるホストの接客業務に関連ないし付随してなされたF及びH（注：いずれも先輩ホスト）による飲酒の強要に対して，事実上飲酒を拒否できない立場にあった亡A（注：労働者）が，多量の飲酒に及び，急性アルコール中毒を発症し，死亡す

るに至ったと認められ，亡Aの死亡の原因となった急性アルコール中毒は，客観的にみて，本件クラブにおけるホストとしての業務に内在又は通常随伴する危険が現実化したことによるものと評価することができる。したがって，亡Aの業務と急性アルコール中毒発症との間には相当因果関係（業務起因性）があると認めるのが相当である。」

　なお，処分庁（労働基準監督署長）は，労働者の飲酒について，業務としての必要性がなく私的な先輩ホストとの人間関係に基づくものと主張しましたが認められませんでした。

業務上の疾病
（労働基準法75条2項・同法施行規則35条（別表1の2））

Q

業務上の「疾病」とはどのようなものをいいますか？

A

業務起因性の認められる，法令により規定された疾病をいいます。

❓ 疑問点

　「疾病」は病気のことを指し，これが業務上のものとなればいわゆる「職業病」とも呼ばれますが，どのような病気がこれにあたるのでしょうか。

🖋 解　説

▌法令の規定

　労基法75条2項は，業務上の疾病について，厚生労働省令で定めるものとしています。そして，同法施行規則35条が，同規則別表1の2として疾病のリストを定めています。

　このように業務上の疾病にあたりうる疾病をリスト化する理由は，

業務上の疾病としての認定に要する事務を，迅速公正に処理する点にあります。

　例えば，同表2号の4には「マイクロ波にさらされる業務による白内障等の眼疾患」が規定されるように，業務に内在または通常随伴する危険が疾病として現実化したといえるリストを作成し，それに該当するかどうかにより，加齢に伴う白内障と区別するとともに，業務起因性の判断を行いやすくしているものと理解されます。

精神障害

　他にも，適応障害のような精神障害を発症した場合，同表9号の「人の生命にかかわる事故への遭遇その他心理的に過度の負担を与える事象を伴う業務による精神及び行動の障害又はこれに付随する疾病」に該当するものとして業務上の疾病と認められうることとなります。このとき，労働基準監督署においては，「心理的負荷による精神障害の認定基準」によりその業務起因性の判断が行われます。

包括的な規定

　もっとも，産業技術の進歩，産業構造，就業構造の変化等社会経済および労働環境の変化に伴い，業務上の疾病についてもその病像が変貌し，新しい要因による疾病が生じることがあります。そのため，業務上の疾病をリスト化しながらも，それに限定することなく一般的抽象的な疾病を規定しておく必要性があります。

　そこで，別表1の2第1号は「業務上の負傷に起因する疾病」と規定し，特定の疾病を掲げていません。また，同表11号は「その他業務に起因することの明らかな疾病」と規定し，同様な包括的な規定となっています。

　ところで，腰痛は，突発的な出来事による急激な力の作用等により生じることや，腰に過度に負担のかかる仕事に従事することにより生じることがあり，業務上の負傷に起因する疾病（別表1の2第1号）にあたる場合があります。

　そのため，厚生労働省では，腰痛が労災保険の給付の対象となる業務上の疾病にあたるかどうかの認定基準を定めています（昭和51年10月16日基発第750号）。これにより，労働者としてもこれが業務上の疾病にあたるかどうかの予想がつきやすくなりますし，そう認めてもらうための立証等が行いやすくなります。

　反対に，このような認定基準が存在しない場合に，労働者が，自己の罹患した疾病について，同表11号の「その他業務に起因することの明らかな疾病」にあたるとして，行政庁から業務上の疾病と認定され，労災保険の給付を受けることは相当な困難が伴うといえます。

裁判例

　事業所内のトイレに散布された殺菌剤（12％次亜塩素酸ナトリウム溶液）の原液を拭き取る業務に従事した労働者が，これにより化学物質過敏症を発症したとして，保険給付の請求を行ったことに対して，労働基準監督署長（処分庁）は業務起因性を認めず，不支給決定を行いました。

　ここで，労基法施行規則別表1の2第4号（化学物質等による次に掲げる疾病）の1から8までには，化学物質の1つとして次亜塩素酸は掲げられていませんし，疾病の名称として，化学物質過敏症も掲げられていません。

　これについて，原審である札幌地裁は，業務起因性を認めず，上記決定を取り消しませんでしたが，その控訴審である令和3年9月17日札幌高裁判決は次のように述べて業務起因性を認めました。

　「本件においては，控訴人（注：労働者）の化学物質過敏症の発症

機序などについて確定することこそできないものの，控訴人が，業務上の事由により化学物質過敏症を発症したと認めるに足りるだけの有害因子（次亜塩素酸ナトリウム等）の曝露を受けており，控訴人において発症した疾病が，曝露した有害因子（次亜塩素酸ナトリウム等）により発症する化学物質過敏症の症状・兆候を示し，かつ，曝露時期と発症との間及び症状の経過に医学的矛盾がないものと認められる。したがって，控訴人の化学物質過敏症は，本件拭き取り作業に内在又は通常随伴する危険が現実化したことによるものであって，これらの間には相当因果関係があると認められる。」

その上で，裁判所は，労基法施行規則別表1の2第4号9（1から8までに掲げるもののほか，これらの疾病に付随する疾病その他化学物質等にさらされる業務に起因することの明らかな疾病）ないし同表11号（その他業務に起因することの明らかな疾病）に該当する業務上の疾病と認めました。

なお，処分庁は，被災者の症状について，業務外の要因（心因性の要因）が相対的に有力な原因となって出現したと考えるのが自然であると主張しましたが，認められませんでした。

補償の内容

> **Q**
>
> 労災保険による保険給付によりどのような補償が受けられますか？
>
> **A**
>
> 療養，休業および障害の各補償給付ならびに労働者の死亡による遺族補償給等を受けることができます。

▌保険給付

　労災保険法は，７条１項において，業務上の負傷，疾病，障害または死亡に関する保険給付を行うことを規定し，同法12条の８で，次のとおり，これらに対応する各保険給付を規定しています。

　そして，13条以下では，各保険給付の具体的な内容を規定し，20条では，業務災害に関する保険給付について必要な事項を省令により定めることとしています。

　・療養補償給付（13条）

　・休業補償給付（14条）

　・障害補償給付（15条）

　・遺族補償給付（16条）

　・葬祭料（17条）

　・傷病補償年金（18条）

・介護補償給付（19条の２）

　これらの関係について簡単に説明すれば，療養補償給付は，文字どおり,「療養」という役務としての治療（給付）を受けられるものです。

　次に，療養のために就労できなければ，給料（賃金）の支払いを受けられませんので，その得られない収入の補填のために受けられる金銭の給付が休業補償給付となります。

　さらに，療養の結果，傷病が治癒し症状固定（これ以上治療を行ってもその効果が期待できない状態）と認められた場合において，後遺障害が残れば障害補償給付を受けることができます。これも，休業補償と同じ逸失利益に対する補償といえますが，後遺障害により，労働能力が低下しそれによる収入の低下を補償するものといえます。

　最後に，不幸にして亡くなった場合には，遺族等が遺族補償給付や葬祭料の給付を受けることができます。

　なお，傷病については，どこかで治癒することが想定されますが，長期間にわたり治癒せずに一定の障害に該当する場合に療養のため休業する場合は，休業補償給付ではなく傷病補償年金が給付されるものとされています。

　葬祭料を除いて，これらの保険給付は，損害賠償という観点からすれば「逸失利益」に対する補償といえますが，障害補償給付や遺族補償給付については年金を受給できる場合があることからすれば，損害賠償という性格を超えて，生活保障（社会保障）という性格を有するものといえます。

　また，障害補償給付のうちの年金の受給者および傷病補償年金の受給者のうち，その状態ないし症状が重篤な方で，介護を要する場合には，介護補償給付を受けることができるものとされています。

複数事業労働者

　労災保険法は，同一の労働者が複数の事業主に雇用される場合等を想定していなかったことから，そのような場合に，業務起因性が認定できず，保険給付が行われない不合理な状況がありました。具体的には，事業主が同一人でない複数の事業での労働時間や心理的負荷等を合わせて業務起因性を判断しないことにより，業務上の傷病等と認定されない場合です。

　そのため，令和2年の法改正により，労災保険法7条1項2号において，「複数事業労働者の2以上の事業の業務を要因とする」傷病等についても保険給付を行う事由とすることとなりました。

　これについては，同法20条の2が各保険給付を規定し，同法20条の3以下で具体的な内容を規定するに至っていますが，複数の事業主に雇用されるものではない場合と同様の内容となっています。

通勤災害

　さらに，業務とは直接的には関係しませんが，労災保険法7条1項3号は，「労働者の通勤による」傷病等についても保険給付を行う事由としています。つまり，業務に内在または通常随伴する危険が現実化したものではありませんが，通勤による傷病等（通勤災害）について労災保険から給付を行うものとしたものです。

　そのため，業務起因性と同様，通勤起因性として，傷病等が通勤に内在する危険または通常随伴する危険が現実化したものと認められることが通勤災害の要件と解されています。

　そして，「通勤」については，労災保険法7条2項が定義するとともに，同条3項が，通勤途中に移動の経路を逸脱するなどした場合に，通勤該当性が否定されるものとしています。

　なお，「通勤」は，当初，「住居と就業の場所との間の往復」（労災

保険法7条2項1号）だけでしたが，法改正が行われ，複数の事業主と雇用契約のある労働者の就業場所間の往復および単身赴任者の赴任先・帰省先住居間の往復も通勤とされました。

■労災保険

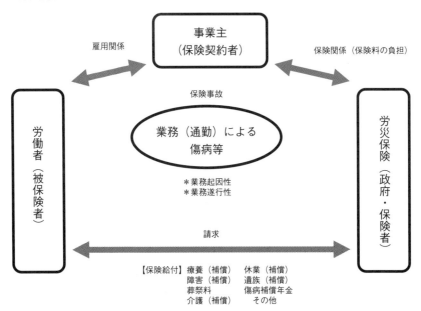

各種認定基準

Q
　業務上の認定について，労働基準監督署によって，判断が異なることはないのでしょうか？

A
　主に「認定基準」という名称の付された通達が厚生労働省労働基準局長から発出され，各労働基準監督署では，それに基づき業務上外の判断が斉一的に行われるようになっています。

❓ 疑問点

　業務起因性の判断について，その概念は共通して認識されているとしても，なんらかの基準がなければ，各監督署で業務上外の認定に差が生じることにはならないでしょうか。

🖉 解　説

▌ 認定基準

　主に，疾病についてですが，厚生労働省の労働基準局長名や同局労

災補償部補償課長名の通達により，業務上外の認定の基準（認定基準）や考え方が示されており，これにより，斉一的な行政上の事務処理が行われるものとなっています。

厚生労働省のホームページには，国民向けに各認定基準をわかりやすく説明するためのリーフレットが掲載されていますが，その元となる通達がいずれも存在します。

令和5年3月2日時点で，厚生労働省のホームページにある「法令等データベースサービス」の「通知検索」の中の「第5編　労働基準　第3章　労災補償　労働者災害補償保険法」に掲載のある通達数は425件ですが，その中から，業務災害としての認定基準ないし認定の考え方を示したものを取り上げると50通の認定基準等が存在することが確認できます（なお，認定基準の見直しにより廃止された通達は掲載されていないようです）。

業務上外の認定だけでなく，障害補償給付を行うにあたっての障害等級の認定の基準なども通達が出されています。

その一覧を巻末の参考資料（283頁）として付けてありますので，ご関心のある方はそちらをご覧ください。

認定基準の改訂

もっとも，認定基準は固定的なものではなく，労働環境の変化等に伴いその内容が見直される場合があります。

例えば，「血管病変等を著しく増悪させる業務による脳血管疾患及び虚血性心疾患等の認定基準」（いわゆる「脳・心疾患の労災認定基準」）については，昭和62年10月26日付け基発第620号および平成13年12月12日付け基発第1063号により示されていたところでしたが，令和3年9月14日付け基発第914001号によりその内容が見直されています。

具体的には，作業環境による負荷要因の評価について，労働時間も含め，各負荷要因について全体を総合的に評価することが適切である

ことが示されるに至りました。その上で，従来は，寒冷を高温より重視していたものを，寒冷と高温を同様に検討することなどが示されました。

　この見直しに伴い，令和4年10月10日付け労働新聞には，京都下労働基準監督署長による，次のような労災認定が行われたことが記事として掲載されています。

　「京都下労働基準監督署（田中淳史署長）が，急性心不全で死亡した自動車整備士に関し，労働時間以外に『暑熱環境』を負荷要因と認め，労災認定していたことがわかった。整備士の発症前2～6カ月の月平均時間外労働は最大77時間21分で，過労死ラインには達していない。同労基署は平成28年11月に整備士の遺族に対し，労災補償の遺族補償給付と葬祭料を不支給処分としており，これを不服とした遺族が行政訴訟を起こしていた。昨年の改正で労働時間と労働時間以外の負荷要因を総合評価することを明確化した脳・心疾患の労災認定基準を踏まえて処分を取り消し，認定した。」

　なお，認定基準の改訂にあたっては，専門家に意見を求めた上で行われることがほとんどです。

　直近では，精神障害の労災保険給付請求件数が年々増加していることなどを踏まえ，厚生労働省では，令和3年12月7日から同5年6月20日まで全14回にわたり「精神障害の労災認定の基準に関する専門検討会」を開催しました。

　その結果，令和5年7月4日，同検討会の検討結果が「精神障害の労災認定の基準に関する専門検討会報告書」として取りまとめられて公表されたことを受け，精神障害の業務起因性を判断するための通達「心理的負荷による精神障害の認定基準について」が改訂されています（令和5年9月1日基発0901第2号）。

デスクワークによる肩こりは
労災となるか？

Q

デスクワークによる肩こりや腰痛は労災と認められませんか？

A

デスクワークにおける肩こりや腰痛が労災と認められる場合が絶対に存在しないとまでは言い切れませんが，認められるとすれば，特殊な事情のある，かなり稀なケースだと思われます。

? 疑問点

いわゆるホワイトカラー層の業務の大半がデスクワークとなっていますが，肩こりや腰痛に悩まされている方も多くいると思われます。そのような場合，これらについて労災と認められる場合があるでしょうか。

解　説

▌裁判例

デスクワークではありませんが，電話交換業務に従事する電話交換手の発症した頸肩腕症候群について業務との因果関係を認めた裁判例

があります（昭和58年3月31日津地裁判決・日本電信電話公社熊野電報電話局事件）。

　裁判所は，労働者の従事した業務について「電話交換手の作業は，交換台に向って椅子に腰かけ，前傾姿勢をとり，頭を上下左右に動かし，ランプの点滅を見て，コードをジャックに差し込んだり，ダイヤル操作，キーの切換え，交換証の記入，ヘッドホーンで客の声を聞き対応することなどから成り立っており，上肢を頻繁に使用する作業であることが認められる。」とし，医師の意見等を踏まえて，業務起因性を認めました。

　上記裁判例は，電話交換手の作業が，上肢を同一肢位に保持し，反復して迅速に上肢を使用して受動的に作業を行うものであることや，労働者に生じた症状が重篤であったことなども踏まえての判断と思われます。

認定基準

　厚生労働省から出されている「上肢作業に基づく疾病の業務上外の認定基準について」（平成9年2月3日基発第65号）や「業務上腰痛の認定基準等について」（昭和51年10月16日基発第750号）で示される考え方からすれば，肩こりや腰痛がデスクワークによる危険が具体化した，つまり業務によるものと認められるには，その作業態様から上肢に相当な負荷がかかると認められるなど，特殊な事情がない限りは，なかなか難しいものと思われます。

　例えば，筆者が行政で働いていた頃に，デスクワークの行われる事務所内の階段で転倒して負傷したことが業務上と認められたと聞いたことがあります。この負傷に起因する腰痛や肩こりであれば業務上の疾病と認められる場合があるかもしれませんが，そうでない場合に，腰痛等の原因について，加齢や日常生活の影響を排除して，業務上と認めうる場合は少ないものと思われます。

従業員の暴行による怪我は
労災となるか？

Q
　労働者が，他の労働者から暴行を受けて負傷した場合，労災と認められることはありますか？

A
　認められる場合はあります。

? 疑問点

　労災保険が，業務上の傷病等を保険事故としていることからすると，他の労働者からの暴行（故意によるもの）により負傷したような場合には，業務起因性は否定されないでしょうか。

解　説

▌行政上の取扱い

　平成21年7月23日基発第723012号「他人の故意に基づく暴行による負傷の取扱いについて」によれば「業務に従事している場合又は通勤途上である場合において被った負傷であって，他人の故意に基づく暴

行によるものについては，当該故意が私的怨恨に基づくもの，自招行為によるものその他明らかに業務に起因しないものを除き，業務に起因する又は通勤によるものと推定することとする。」とされています。

裁判例

　令和4年2月7日名古屋地裁判決は，ホテル内で調理業務に従事していた労働者が他の従業員から暴行を受け負傷したことから，労働基準監督署に労災保険給付を請求したところ，不支給決定とされた処分を取り消したものです。

　裁判所は，まず，上記通達について「厚生労働省は，他人の故意に基づく暴行による負傷の取扱いについて本件基準を策定しているところ，本件基準は，裁判所を法的に拘束するものではないものの，労働者が職場での業務遂行中に他人の暴行という災害により負傷した場合，当該暴行は，本件基準で除外されている場合を除き，労働者の業務に内在又は随伴する危険が現実化したものと評価できるのが通常であるから，本件基準はその内容に照らしても合理性を有するといえる。そうすると，業務遂行中における他人の故意に基づく暴行による負傷の業務起因性の有無については，本件基準の内容を参考にしつつ，個別具体的な事情を総合的に考慮して判断するのが相当というべきである。」とした上で，「原告（注：労働者）は，業務遂行中におけるB（注：他の労働者）の故意に基づく暴行により本件各傷害を負うに至っている。そして，本件各傷害は，業務に起因するものと推定されるところ，本件事件がBの原告に対する私的怨恨であり，あるいは原告の自招行為であるとは認められないから，上記推定が覆されることはなく，原告の業務に内在又は随伴する危険が現実化したものと評価され，業務に起因するものというべきである。」として業務起因性を認めました。

労働保険料

? 疑問点

　労災保険が保険である以上，保険料の負担をどのようにするかは，制度の趣旨と関連して問題となります。

解　説

▌保険料の負担

　先にも説明しましたが，保険者は政府であり（労災保険法2条），保険契約者は事業主です（労災保険法3条1項）。

　そして，労災保険の事業に要する費用（保険料）については徴収法が定めるものとされており（労災保険法30条），そこでは，保険料は事業主が負担し，政府が徴収するものとなっています（徴収法10条以下）。

　他方で，労働者等が労災保険の受給権者となり，直接，政府（労働基準監督署長）に対してその給付を請求することができますが，雇用保険や健康保険と異なり，療養を受ける場合であっても自己負担はありません（労災保険法12条の8第2項，労災保険法施行規則12条等，徴収法31条，32条）。

　労災保険が，事業に内在する危険が具体化した場合に，事業主の負担する賠償義務を補うものであることからすれば，当然といえば当然です。

保険料の徴収

　先にも説明しましたが，労災保険の保険関係の成立は，事業が開始された日とされ（労災保険法6条，徴収法3条），事業が廃止されるまで保険関係が続きます（徴収法5条）。事業主の意思によらない強制的なものです。

　そのため，事業主は，労災保険法の適用を受ける事業を開始したとき（つまり，その事業で労働者を雇用したとき），保険関係が成立することから，その成立した日から10日以内に，その成立した日，事業主の氏名または名称および住所，事業の種類，事業の行われる場所その他厚生労働省令で定める事項を政府に届け出なければなりません（徴収法4条の2，徴収法施行規則4条・保険関係成立届）。

　また，同一の事業主において，複数の事業場が存在する場合や数次の請負関係が存在する事業場の事業主（主に建設業の事業主が想定されます）については，その届出方法について，少し異なった規定となっています（徴収法7条，8条，9条）。

　保険料は，事業主がその事業に使用するすべての労働者に支払う賃金の総額に保険料率を乗じて算定され（徴収法11条），これを政府が徴収するものとされていますが（徴収法10条），徴収方法としては，事業主が，自主的に保険料を算定して申告し納付するものとなってい

ます（徴収法15条以下）。

▎差押え等

　事業主が，労働保険料（「労働保険」は労災保険と雇用保険の総称・徴収法2条）等を納付しない場合，政府は，これに対して督促しなければならないものとなっています（徴収法27条1項）。

　そして，督促を受けながらこれを納付しない場合には，国税滞納処分の例によって処分し，徴収するものとされていますので，財産に対する差押えが行われることとなります（徴収法27条3項，30条）。

▎時　効

　保険給付について，これを請求する権利の消滅時効は労災保険法が規定しています（療養，休業，介護の各補償給付および葬祭料等は2年間，障害および遺族の各補償給付は5年間・労災保険法42条）。

　これに対し，労働保険料について政府が徴収する権利等の消滅時効は徴収法が2年間と規定していますが（徴収法41条1項），徴収の告知や督促が行われるとこれが更新されます（徴収法41条2項）。

　以上のとおり，労災保険法および徴収法は，事業主に対して，事業場を単位として強制適用されるため，保険関係成立届が提出されず，政府がその存在を認識していなかったとしても，保険関係が成立していないということにはなりません。

　その結果，事業主に対しては，時効により消滅していない範囲で滞納された保険料が徴収されることとなります。

　そして，事業主から保険料の納付がなされていなくとも，労働者が業務上の傷病等を負ったときは，政府（労働基準監督署長）に対して，保険給付を請求する権利を有することとなります。

保険料率とメリット制

Q

自動車保険のように，労災が発生したことにより，保険料が増額されることはありませんか？

A

メリット制と呼ばれる制度があり，これにより保険料（率）が増減される場合があります。

❓ 疑問点

労災保険の損害保険という性質からすれば，偶然生じる事故（労災）による損害（賠償義務）をてん補するための保険となりますが，労災が発生する危険性の高さは業種によって異なり，さらには，事業主の努力によっても異なるはずです。そのため，保険料の定め方により，事業主間で不公平な負担とならないでしょうか。

解　説

保険料率

　労災保険の保険料は，賃金総額に保険料率を乗じた額とされています（徴収法11条以下）。

　保険料率は「政令で定めるところにより，労災保険法の適用を受ける全ての事業の過去３年間の業務災害」の災害率等を考慮して厚生労働大臣が定めるものとされ（徴収法12条２項），徴収法施行令により「厚生労働省令で定める事業の種類ごと」に定めるものとされています。

　つまり，業種ごとに異なった保険料率が適用されます。

　そのため，例えば，同じ製造業に分類される事業であっても，食品製造業や化学工業など具体的な種類に細分化され，それぞれについて保険料率が定められています（法令上「保険料率」とは区別して「保険率」という法令用語も使われていますが，本書では，これを区別せずに「保険料率」としています）。

メリット制

　また，徴収法では，保険契約者（事業主）それぞれの事業について，過去３年の間において実際に労災が生じた場合，それに要した保険給付額に応じて一定の範囲内（基本的には±40％）で労災保険料率を増減させる「メリット制」という制度を採っています（徴収法12条３項）。

　これは，事業主の保険料負担の公平性の確保等を目的とするものです。

　これにともない，労災の発生状況等に応じて，労災保険料額が増減することとなります。

特別加入制度

Q

　労働者以外も労災保険の被保険者となり給付を受けることはできますか？

A

　特別加入という制度があり，これに加入し，保険料を負担すれば中小企業の事業主や，大工等の一人親方，さらには海外の事業場に派遣された労働者についても労災保険の給付の対象となります。

❓ 疑問点

　事業主の指揮命令を受けて業務に従事する労働者と実質的に異ならない態様で仕事を行う中小企業の役員や大工等の一人親方については，それによる傷病等が生じたときは，自ら傷害保険に加入するか，国民健康保険等の社会保障による給付が受けられればこれによるしかないのでしょうか。

解　説

特別加入

　労災保険法は，その33条から37条までに，「特別加入」という制度を規定しています。これは，業務の実態等から見て，労働者に準じて労災保険により補償を行うことが相当な場合があると考えられるからです。

　また，それだけでなく，労災保険法の適用範囲が日本国内の事業場に限られることにより，海外で事業を展開する事業主により海外に派遣された労働者がそこで被災したような場合に，国内の事業場で使用される労働者と同じように補償を行う必要性は否定できない場合もあります。

　そのため，そのような場合に備えて，法定の手続を取ることにより，労災保険の被保険者となることができる制度として，特別加入という制度が設けられたものです。

特別加入の対象

　労災保険法33条は，特別加入することができる対象者について，概ね次のように定めています。

・中小事業主（1号）
・中小事業主の代表者以外の役員および家族従事者等（2号）
・法令に規定する事業を行う一人親方その他自営業者（3号）
・法令に規定する事業を行う一人親方その他自営業者の家族従事者等
　（4号）
・法令に規定する作業に従事するもの（5号）

・海外派遣者（6号，7号）

そして，特別加入のための手続を行うとともに，それに対して政府が承認することにより，労災保険が適用されることとなります。

最高裁判決

特別加入制度は，海外派遣者以外については，労働者ではない方に対して労災保険の適用を認めるというだけであって，特別加入しうる方について，労働者として労働関係法令の効力が及ぶものではありません。このことは，特別加入をしたからといって異なるものでもありません。

もっとも，最高裁は，建設アスベスト損害賠償請求訴訟（令和3年5月17日最高裁判決）において，次のように述べて，労働者に対しては当然のこととして，労働者ではない建設作業に従事する一人親方等についても，国が規制権限を行使しなかったこと（具体的にはマスクの使用を義務付けて石綿粉じんからの暴露を防止しなかったこと）により生じた健康被害について，その違法性を認め，賠償責任を負うものと判断しました。

「労働大臣は，昭和50年10月1日には，安衛法に基づく規制権限を行使して，石綿含有建材の表示及び石綿含有建材を取り扱う建設現場における掲示として，石綿含有建材から生ずる粉じんを吸入すると重篤な石綿関連疾患を発症する危険があること並びに石綿粉じんを発散させる作業及びその周囲における作業をする際には必ず適切な防じんマスクを着用する必要があることを示すように指導監督すべきであったというべきところ，上記の規制権限は，労働者を保護するためのみならず，労働者に該当しない建設作業従事者を保護するためにも行使されるべきものであったというべきである。以上によれば，昭和50年10月1日以降，労働大臣が上記の規制権限を行使しなかったことは，

屋内建設現場における建設作業に従事して石綿粉じんにばく露した者のうち，安衛法2条2号において定義された労働者に該当しない者との関係においても，安衛法の趣旨，目的や，その権限の性質等に照らし，著しく合理性を欠くものであって，国家賠償法1条1項の適用上違法であるというべきである。」

省令の改正

　上記最高裁判決の判断を受けて，令和4年4月15日，労働安全衛生規則等の一部を改正する省令が公布され，安衛法22条に基づく措置の対象に，労働者ではない一人親方等もその対象とする旨の省令の改正が行われました（令和4年4月15日基発0415第1号）。

　施行日は，令和5年4月1日からとなっています。

特別加入者への補償の対象

Q

　特別加入をすれば，どのような傷病等についても補償を受けられますか？

A

　特別加入申請書に記載した「業務の内容」について，傷病等との因果関係が認められる場合，保険給付を受けられるものとされています。

？ 疑問点

　労働者の業務は，基本的には労働契約により定まるものですが，特別加入者の場合，その業務の範囲は，実態として労働者と異ならないものから資金調達のような経営に関わるものまで広範に及ぶことからすれば，保険事故たる業務上外の判断はこれらすべてに及んで行われるものでしょうか。

解　説

申請書の記載事項

　特別加入をするにあたっては，申請書に所定の事項を記載して行うものとされています（労災保険法34条等，同法施行規則46条の19等）。

　その記載事項として「その者が従事する業務の内容」が定められ，これを基礎として業務上外の認定が行われるものとされています（昭和40年11月１日基発第1454号）。

　また，中小事業主の場合，労働者を使用する事業に成立する保険関係を前提として，中小事業主等をその事業に使用される労働者とみなして特別加入の保険関係を成立させることから，裁判例では，その範囲も含めて業務上外の判断がなされ，処分庁の決定の適否が判断されています。

最高裁判決

　建築工事の請負を業とする有限会社の代表取締役が中小事業主等として特別加入していたところ，その会社が受注を希望していた工事の予定地の下見に赴く途中で事故により死亡しました。そのため，その遺族が「業務上死亡したとき」にあたるとして，遺族補償給付等の支給を請求したところ，労働基準監督署長は，業務上と認めず，不支給決定としました。

　遺族は，不支給決定の取消しを求めたところ，平成24年２月24日最高裁判決は，中小事業主等の特別加入が，労働者に関し成立している労災保険の保険関係を前提としてその事業に使用される労働者とみなすものとしていることを理由に（労災保険法34条１項１号），次のよ

うに述べて，不支給決定を適法とした原審である控訴審裁判所の判断を是認しました。

「保険関係の成立する事業は，主として場所的な独立性を基準とし，当該一定の場所において一定の組織の下に相関連して行われる作業の一体を単位として区分されるものと解される。そうすると，土木，建築その他の工作物の建設，改造，保存，修理，変更，破壊若しくは解体又はその準備の事業（同施行規則6条2項1号。以下「建設の事業」という。注：徴収法施行規則）を行う事業主については，個々の建設等の現場における建築工事等の業務活動と本店等の事務所を拠点とする営業,経営管理その他の業務活動とがそれぞれ別個の事業であって，それぞれその業務の中に労働者を使用するものがあることを前提に，各別に保険関係が成立するものと解される。」「したがって，建設の事業を行う事業主が，その使用する労働者を個々の建設等の現場における事業にのみ従事させ，本店等の事務所を拠点とする営業等の事業に従事させていないときは，上記営業等の事業につき保険関係の成立する余地はないから，上記営業等の事業について，当該事業主が法28条1項（注：現行の労災保険法34条1項）に基づく特別加入の承認を受けることはできず，上記営業等の事業に係る業務に起因する事業主又はその代表者の死亡等に関し，その遺族等が法に基づく保険給付を受けることはできないものというべきである。」

この事件は，建設業を行う事業主について，各建設現場のそれぞれが適用事業となることのほか，本店等の事務所により行われる事業についても適用事業となりうることを前提としています。この中小事業主は，前者により成立する保険関係に基づき特別加入していたことから，不支給決定とした処分が適法とされたものです。

裁判例

特別加入者である中小事業主等（運送事業を行う有限会社の取締役）

である者が，歩行中に自動車に衝突されて傷害を負い，療養補償給付および休業補償給付を請求したのに対し，労働基準監督署長（処分庁）が，業務遂行性が認められる労働者の行う業務に準じた業務の範囲外であるとして，不支給決定としました。

そのため，特別加入者が，その不支給決定の取消しを求めたところ，令和３年４月５日東京地裁判決は，保険関係の成立する範囲について，上記最高裁判決を引用した上，次のように業務上の災害にあたると判断しました。

「前記前提事実及び認定事実によれば，サイマツ（注：事業主の名称）は，本店所在地にある一事業所を拠点として車両による運送事業を行う従業員７，８人の小規模な事業者であるところ（前提事実（１），認定事実（２）），このような小規模な車両運送事業を営む事業者においては，事業者が運送用の車両を調達し，これを従業員に使用させることが通常であり，小規模事業者の場合には，運転手の組織と調達する組織とが場所的，組織的に明確に区分されていないのが一般的であるから，車両調達の前提となる車両の探索・下見と車両による荷物等の運送とは，同一の組織の下で相関連して行われる一体の作業とみるのが相当である。この点，サイマツにおいても，現に従業員らが車両の探索・下見を業務として行っていたと認められることは前記認定（同（３））のとおりである。」「そうすると，サイマツにおいては，運転業務について保険関係が成立しているところ，運送事業に使用する車両の探索・下見は，運転業務と同一の組織の下で相関連して行われる一体の作業であって，「運転」業務に含まれるものであるから，これについても労災保険関係が成立しているというべきである。」

「サイマツにおいては，最終的な車両購入の権限は取締役である原告が有していたものであるが，サイマツで使用する車両の購入に向けての探索・下見について，原告と従業員との間で業務遂行過程を比較すると，業務を実施する過程において外形上何ら異なるところはないから，少なくとも実際に購入を決定し入札を委託しなかった本件にお

いては，原告による車両の探索・下見は，従業員が業務として行った場合と外形上は全く同様であって，異なるところは，自ら購入を決定し入札を委託する可能性があったか否かという点のみである。そして，車両の調達に際して相手方と金額を交渉するなどの行為やそれに先立って車両を探す行為が，行為の性質から客観的，類型的に中小事業主の事業主の立場において行う事業主本来の業務であるとはいえないことは前判示のとおりである。車両の探索・下見，購入を決定し入札を委託するまでの過程をみても，自ら購入を決定し入札を委託する可能性があるか否かによって，業務上の事故発生の危険性について質的に差異があるということも困難である。そうすると，実際に購入を決定し入札を委託していない本件における特別加入制度の業務遂行性判断において，外形上はサイマツの従業員が行うのと全く同様の車両の探索・下見について，自ら購入を決定し入札を委託する可能性があったか否かの点で異なることをもって，労働者の行う業務に準じた業務に含まれないと解することは相当でなく，原告による本件の車両の探索・下見は，サイマツの従業員の業務に準じた業務の範囲内のものと認めるのが相当である。」

その他の保険給付等

Q

　労災保険では，各補償給付以外に何か事業は行っていないのでしょうか？

A

　二次健康診断等給付のほか，特別支給金の支給を含む社会復帰促進等事業を行っています。

　労災保険は，政府の行う「保険」という位置付けですが，その目的として労災保険法１条は，保険給付のほかに「労働者の社会復帰の促進，当該労働者及びその遺族の援護，労働者の安全及び衛生の確保等を図り，もって労働者の福祉の増進に寄与すること」もその目的としています。

解　説

二次健康診断等給付

　労災保険法は７条１項４号で，その保険給付として，二次健康診断等給付を行うことを規定しています。

　そして，具体的には同法26条において，労働安全衛生法66条１項の

規定による健康診断等の検査が行われた場合において，当該検査を受けた労働者がそのいずれの項目にも異常の所見があると診断されたときに，当該労働者に対し，その請求に基づいて行うものとされています。

業務上の傷病等が生じる前に検査という役務の給付を受けることができるという点で，他の補償のための給付とは異なるものです。

社会復帰促進等事業

労災保険法29条1項は「この保険の適用事業に係る労働者及びその遺族について，社会復帰促進等事業として，次の事業を行うことができる。」と規定して，療養に関する施設およびリハビリテーションに関する施設の設置および運営その他業務災害等を被った労働者の円滑な社会復帰を促進するために必要な事業等を行うことができるものとしています。

特別支給金

労災保険法29条2項は，社会復帰促進等事業の実施に関して必要な基準は厚生労働省令で定めるものと規定し，同法の規定に基づき「労働者災害補償特別支給金支給規則」が定められています。

この特別支給金は，労災保険による各補償給付の上乗せとして，金銭の支給がされるものです。一番身近なものでいえば，休業補償給付は，療養のために休業した日について，1日あたり平均賃金（給付基礎日額）の6割の割合による金員が給付されますが，さらに，平均賃金の2割の割合による休業特別支給金も支給されることとなります。

このことは，後に説明します，民事賠償責任との調整において，労災保険以外から休業損害について賠償を受けた場合，労災保険から休業補償給付を受けることはできませんが，それが労災保険の保険事故

（業務上の災害・通勤災害）にあたる限りは，特別支給金の支給を受けることができるということを意味します。

不正受給と詐欺罪

Q
いわゆる不正受給をした場合，どのような処分となりますか？

A
詐欺罪が成立し，刑罰を受ける可能性があります。

？ 疑問点

　労災保険法には，いわゆる不正受給そのものを理由に犯罪が成立するものとして罰則を規定していません。

　そうすると，事業主であれ労働者であれ，不正受給を受けた場合であっても，詐欺罪（刑法246条１項）が成立しないということにならないでしょうか。

解　説

▌法令の規定

　労災保険法12条の３は「偽りその他不正の手段により保険給付を受けた者があるときは，政府は，その保険給付に要した費用に相当する

金額の全部又は一部をその者から徴収することができる。」と規定していますが，第7章の罰則の章にこれを理由とする罰則を規定していません。

また，雇用保険法10条の4第1項は「偽りその他不正の行為により失業等給付の支給を受けた者がある場合には，政府は，その者に対して，支給した失業等給付の全部又は一部を返還することを命ずることができ，また，厚生労働大臣の定める基準により，当該偽りその他不正の行為により支給を受けた失業等給付の額の二倍に相当する額以下の金額を納付することを命ずることができる。」と受給した金額よりも多額の納付を命ずることができると規定していますが，やはり，同法83条以下の罰則の章では，労災保険法と同様に，このような不正受給を行ったことを理由として罰則を規定していません。

刑法246条1項（詐欺罪）

しかし，不正受給を理由とする罰則が規定されていないからといって，これが詐欺罪にあたることが否定されるものではありません。

例えば，平成7年7月14日東京地裁判決は，療養のために休業する日数や，休業補償給付の算定の基礎となる労働者に対して支払われた給与額について虚偽の記載をし，休業補償給付の支払いを請求した者に対して，詐欺罪の成立を認めました。

また，その際，弁護人が，本来的に労働者には休業補償給付を受ける権利があったことを理由に，虚偽により水増しして受給した範囲で詐欺罪が成立すると主張したことに対して，裁判所は「社会通念上一般に許容すべきものと認められる範囲を超える欺罔手段を用いて保険金を受領したもので，全体として違法性を帯び，取得した現金全額について詐欺罪が成立すると解するのが相当である。」と主張を排斥しました。なお，やや古いですが，昭和54年6月13日東京高裁判決も同様の判断をしています。

最高裁判決

　労災保険の不正受給ではありませんが，人を欺いて補助金等の交付を受けた被告人について，特別法による罰則規定が適用されることを理由に詐欺罪の成立が争われた事案で，令和3年6月23日最高裁判決は「被告人が人を欺いて補助金等又は間接補助金等（補助金等に係る予算の執行の適正化に関する法律2条1項，4項）の交付を受けた旨の事実について詐欺罪で公訴が提起された場合，被告人の当該行為が同法29条1項違反の罪に該当するとしても，裁判所は当該事実について刑法246条1項を適用することができると解するのが相当である。」と判示しています。

　そのため，労災保険法に，「不正受給はこれを罰しない」という規定でもない限りは，不正受給については詐欺罪が成立し刑罰を科される可能性が高いといえます。

労災保険の社会保障化

Q
労災保険は損害保険とは異なる制度のように理解できませんか?

A
労災保険を「社会保障」として捉える考え方もあります。

? 疑問点

　労災保険が，労基法75条以下の災害補償を実行化するために存在するのであれば，自賠責保険と同じように，損害の範囲を確定しその賠償ないし補償のためにその限りで給付がされればよいと思われます。しかし，遺族給付等については年金が給付されることなどからすれば，「保険」という範囲を超えているようにも思われます。

解　説

▌社会保障化

　筆者も，講学的な正確な理解を有しているものではありませんが，労災保険について，責任保険という性質ではなく社会保障として捉え

67

る考え方があります。

　社会保障とは，厚生労働省のHPでは，国民の「安心」や生活の「安定」を支えるセーフティネットと説明され，それが社会保険，社会福祉，公的扶助，保険医療・公衆衛生からなるものとされています。

　労災保険が，責任保険として労基法の災害補償規定を実行化するためのものであれば，遺族補償給付等により年金を給付して遺族等の生活を保障するまでの必要はないといえます。自賠責保険には，被害者が死亡した場合であっても一時金の給付しか規定がされていないことと対照的です。

　そのため，労災保険は，責任保険ではなく生活保障としての性格を有する，社会保障としての社会保険の性格を有するものと理解されるべきだという意味で「社会保障化」といわれています。

業務上・通勤の解釈の拡大

　「解釈の拡大」とまでいってしまうのは適切ではないかもしれませんが，労災保険から保険給付を受けるために必要な「業務上」「通勤」の該当性は，その文言から解釈される範囲を大きく超えて認められる運用がされているように思われます。例えば，以下のような場合についてです。

東日本大震災

　平成23年3月11日に発生した東日本大地震に伴い，業務中の労働者が被災した場合に，それが業務上の災害に該当するかどうかの判断について，厚生労働省労働基準局労災補償部労災管理課長・補償課長通知（平成23年3月24日基労管発0324第1号，基労補発0324第2号「東北地方太平洋沖地震に係る業務上外の判断等について」）では，業務遂行性の判断が困難な場合には「所定労働時間内に被災していたと合

理的に推定される場合については，特段の反証理由がない限り，業務遂行性があるものとして取り扱って差し支えない。」とされています。

さらに，業務起因性についても「業務遂行性が認められ，特段の反証事由がないときには，業務起因性を認めて差し支えないものであること。」とされています。

これを文字どおり読めば，所定労働時間中に地震が起こり，それにより負傷した場合であっても，その原因を自然災害である地震ではなく業務に求めるということを許容するものと理解されます。疾病について，業務以外の他の原因が相対的に有力だという理由で業務起因性が争われることと対照的です。

地下鉄サリン事件

さらに，平成7年3月20日に発生した，地下鉄内に猛毒のサリンが撒かれた無差別テロである地下鉄サリン事件の被害者についても，それについて「通勤による」ものと認められ，通勤災害として労災保険給付の対象とされた事例があります。

これについても，その原因は特定の宗教団体の関係者がサリンを撒いた犯罪行為にあることからすれば，犯罪被害者としての補償を受けるのは当然として，労災保険においては，通勤に内在する危険が現実化したものと認めたものと理解されます。

通勤該当性を否定した裁判例

ちなみに，その反対に，上記特定の宗教団体の関係者が，大阪で通勤途中の被害者に対して，毒性のあるVX溶液をかけ，それにより被害者が中毒死した事件については，労働基準監督署長は通勤災害とは認めず不支給決定の処分をしました。これについて，その取消しを求めて遺族が提訴しました。

しかし，平成11年10月4日大阪地裁判決は，「Ａ（注：被害者）の殺害とその手段がまず決定され，殺害の場所についてはその後の下見によって決定されたものであるが，そうすると，本件犯行がＡの通勤途上に行われたのは，単なる機会として選択されたに過ぎず，通勤途上が犯行場所となる必然性はない。」「以上によれば，本件災害を通勤の危険性が現実化したものとは認め難く，これが通勤によって生じたものということはできない。」「怨恨関係があったことそのものが重要なわけではなく，教団は当初からＡという特定の個人を教団にとって危険な人物と目して殺害することを計画したのであって，通勤と関係なく殺害が計画されたことからすると，怨恨関係がないことをもって通勤起因性を肯定することにはならない。また，教団による本件犯行を社会的リスクということができるとしても，社会的リスクの全部が労災保険法によって保護されるものではないから，そのことだけで通勤起因性を肯定できるものではない。」として，処分の取消しを認めませんでした。

筆者として，このように，業務上・通勤という概念を緩やかに解釈し，労災保険から保険給付を行うこと自体に何らかの異議を述べたいというものではありません。

ただ，業務ないし通勤に関わる中で傷病等が生じたときは，「労災」として労災保険の適用を受ける可能性があり，労働者としては受給権者として利益を享受できる場合があること，その反対に，事業主としては，その保険契約者としての立場での対応が求められる場合が多くあると認識することが必要だと思われます。

第3章

労災と
労働安全衛生

　前章では，被災した労働者に対する補償という観点から，主に，労災保険法に関連する制度を見てきましたが，労災については，それ自体が起こらないことが第一であり，補償ないし賠償さえすればよいというものではありません。

　そこで，本章では，労災（過労死・過労自殺を含む）を防止することを目的とする安衛法について，少しではありますが説明をしていきます。

　同法は，災害の発生防止を第一の目的とするため，事業主の講ずべき措置や事業主に対する規制等の定めがそのほとんどを占めます。

　他方で同法は，労災が発生した場合の事業主の報告義務も規定しており，その報告を怠れば，「労災隠し」となり処罰される可能性もあります。

　本書の目的が，既に労災が発生したことを前提として，各種制度等の説明をする点にあることから，労働安全衛生について多く触れることはせず，同法の概要と，災害防止についての基礎的な知識および報告義務（労働者災害死傷病報告）等を中心に説明をしていきます。

安衛法の概要

Q

安衛法はどんな法律ですか？

A

　職場における労働者の安全と健康を確保するとともに，快適な職場環境の形成を促進することを目的としています。

▌法令の規定

　安衛法は，次のとおり，全部で12章からなります。

第 1 章　総　則

第 2 章　労働災害防止計画

第 3 章　安全衛生管理体制

第 4 章　労働者の危険又は健康障害を防止するための措置

第 5 章　機械等並びに危険物及び有害物に関する規制

第 6 章　労働者の就業に当たっての措置

第 7 章　健康の保持増進のための措置

第 7 章の 2　快適な職場環境の形成のための措置

第 8 章　免許等

第 9 章　事業場の安全又は衛生に関する改善措置等

第10章　監督等

第11章　雑　則
第12章　罰　則

同法1条は「この法律は，労働基準法（昭和22年法律第49号）と相まって，労働災害の防止のための危害防止基準の確立，責任体制の明確化及び自主的活動の促進の措置を講ずる等その防止に関する総合的計画的な対策を推進することにより職場における労働者の安全と健康を確保するとともに，快適な職場環境の形成を促進することを目的とする。」と規定しています。

同法2条は，「労働災害」について「労働者の就業に係る建設物，設備，原材料，ガス，蒸気，粉じん等により，又は作業行動その他業務に起因して，労働者が負傷し，疾病にかかり，又は死亡することをいう。」と規定しています。

労災保険法では，その名称は「労働者災害補償保険法」ではありましたが，条文上，「労働災害」の定義はなく，「業務災害」（同法7条1項1号）との規定となっていたことと対照的です。

政令および省令への委任

さらに，安衛法は，1条から123条までと附則によりなりますが，具体的な規定については，その多くを政令および省令に委任しており，それらを含め膨大な数の規定で安全衛生関係法令が構成されています。

例えば，同法15条1項は，統括安全衛生責任者の選任義務を規定していますが，同義務を負う事業者について「建設業その他政令で定める業種に属する事業」と規定しています。

これを受けて，同法施行令7条は「法第15条第1項の政令で定める業種は，造船業とする。」と規定しています。

ちなみに，数次の請負業者により1つの場所で事業が行われている

事業のうち，この建設業と造船業は，「特定事業」と呼ばれ，雇用関係における安全衛生だけでなく，元請事業者に対して，下請業者の労働者も含めた労働災害防止のための安全衛生管理を義務付けています。

　また，省令への委任の例としては，例えば，同法12条1項は衛生管理者の選任義務を規定するものですが，その選任について「都道府県労働局長の免許を受けた者その他厚生労働省令で定める資格を有する者」から行うように規定しています。

　これを受けて，労働安全衛生規則10条は「法第12条第1項の厚生労働省令で定める資格を有する者は，次のとおりとする。」として，医師，歯科医師，労働衛生コンサルタントおよび厚生労働大臣の定める者としています。

安衛法と各省令

Q
安衛法に基づく厚生労働省令にはどのようなものがありますか?

A
労働安全衛生規則などがあります。

省　令

　厚生労働省のHPにある法令検索のうち，第5編労働基準　第3章安全衛生を開くと，該当件数として256件と表示されます（2023年3月8日現在）。

　その中で，安衛法に基づき定められた省令として，主に，事業者に義務付けられる措置の内容を規定するものとしては，次のようなものがあります。

- ・労働安全衛生規則
- ・ボイラー及び圧力容器安全規則
- ・クレーン等安全規則
- ・ゴンドラ安全規則
- ・有機溶剤中毒予防規則
- ・鉛中毒予防規則
- ・四アルキル鉛中毒予防規則

- ・特定化学物質障害予防規則
- ・高気圧作業安全衛生規則
- ・電離放射線障害防止規則
- ・酸素欠乏症等防止規則
- ・事務所衛生基準規則
- ・粉じん障害防止規則
- ・石綿障害予防規則

　これ以外に，厚生労働大臣の定める告示により機械の規格等が多数規定されていますし，作業環境測定法やじん肺法といった関連する法令もあり，これらも含めると，労働安全衛生に関連して，相当な数の規制が存在することがわかります。

労基法と安衛法との関係

> **Q**
>
> 労基法と安衛法はどのような関係にありますか?
>
> **A**
>
> 　元々は労基法が規定していた安全衛生に関する規定が削除され, それに対応するものとして安衛法が制定されたという関係にあります。

法令の関係

　先に見た安衛法1条には,「労働基準法と相まって」とあります。

　これに対して, 労基法第5章は「安全及び衛生」とあり, 同法42条は「労働者の安全及び衛生に関しては, 労働安全衛生法(昭和47年法律第57号)の定めるところによる。」と規定し, 43条から55条までが削除されています。

　これまでに見てきたように, 労働安全衛生のためにあれだけの膨大な規定がされていることからも, 社会の発展, 特に第二次産業の進展に伴い, 労基法の第5章だけでは労働災害の防止に適切に対応ができず, 安衛法が制定されたものです。

　そのため, 労基法には, 年少者や妊産婦等の就業制限について「危険有害業務」という文言や(同法62条, 64条の3),「坑内労働」「坑内業務」(同法63条, 64条の2)といった労働衛生に関連する文言が存在します。

労働時間＝労働衛生

　また，いわゆる働き方改革関連法（平成30年法律71号）では，労基法36条についての時間外労働規制を中心とした法改正が行われましたが，これに伴い，安衛法の規定も改正されていることから，労働条件としての労働時間は，労働衛生に関連する規定であると理解することができます。

　具体的には，上記の労基法36条の改正で，ひと月100時間未満の範囲でしか時間外労働（休日労働を含む）をさせることができなくなりました（労基法36条6項2号）。

　そして，安衛法66条の8は，事業者に対し，一定の要件に該当する労働者に対する医師による面接指導の実施を義務付けていますが，働き方改革関連法による労基法の改正前までは，省令で，1月あたりの時間外労働時間数が100時間を超える労働者を対象としていたところ，上記改正により，これが80時間を超えることが要件となりました（労働安全衛生規則52条の2）。

　これは，労災における過労死の認定基準が時間外労働時間数を月100時間としていることから，労基法による上限規制がこれを下回る必要があるものとされるとともに，面接指導もその時間数を前提として行うこととなれば，法令として論理矛盾を孕むこととなりますので，このように改正されたのは当然といえます。

　そもそも，労基法が，現在の同法36条6項1号で坑内労働等における1日の時間外労働時間数を2時間までとしていますが，これは，働き方改革関連法による改正以前から存在していたものです。有害な業務であり，労働衛生の観点から規制されていたものです。

　そのため，これらのことからしても，労働時間が，単なる労働条件の1つというだけでなく，労働衛生の基本的な要素の1つと理解されていることがわかります。

労災件数の推移

Q

労災における死亡災害の件数はどの程度ですか？

A

2021年（令和3年）は867人ですが，以前と比べて，事故の型として「その他」の割合が増えています。

▌統　計

　厚生労働省のHPから，年別の労災による死亡者数をいくつか拾い上げると次のとおりです。

　筆者が労働基準監督官となって現場で稼働していた2001年（平成13年）から2003年（平成15年）頃は，労災による死亡者数は，年間1,800人ほどで推移していたと記憶していますが，その頃から比較すれば，現在は，その半分以下となり，年々減少していることがわかります。

　他方で，統計には，どのような原因で死亡災害が発生したのかを「事故の型」別に集計しており，そのうち「その他」に分類される数値を確認できる範囲でいくつか拾い上げると次のとおりです。

	（全体の死亡者数）	（うち，「その他」に分類される死亡者数）
・1988年（昭和63年）	2,549人	
・2003年（平成15年）	1,628人	39人
・2005年（平成17年）	1,514人	47人
・2007年（平成19年）	1,357人	47人
・2009年（平成21年）	1,075人	36人
・2011年（平成23年）	1,024人	52人
・2013年（平成25年）	1,030人	47人
・2015年（平成27年）	972人	61人
・2017年（平成29年）	978人	60人
・2019年（令和元年）	845人	42人
・2021年（令和3年）	867人	113人

　この「その他」には，いわゆる過労死が含まれており，その割合がどの程度あるのかはわかりませんが，10年前と比較して実数として倍増しており，割合としても，2011年で約5％だったものが，2021年には約13％と倍以上になっていることがわかります。

　これまで，法令により時間外労働の上限が規定されていなかったものが，働き方改革関連法により法定されたことも頷けます。

労災隠し

Q

「労災隠し」とはどのような場合をいいますか？

A

労災が発生しながら労働者死傷病報告を提出しなかった場合をいいます。

？ 疑問点

厚生労働省のポスター等で「労災隠しは犯罪です」と記載されていますが，どのような場合がこれにあたるのでしょうか。

◤ 解　説

▌法令の規定

安衛法100条 1 項は「厚生労働大臣，都道府県労働局長又は労働基準監督署長は，この法律を施行するため必要があると認めるときは，厚生労働省令で定めるところにより，事業者，労働者，機械等貸与者，建築物貸与者又はコンサルタントに対し，必要な事項を報告させ，又

は出頭を命ずることができる。」と規定しています。

　これを受けて，労働安全衛生規則等では，事業主に対し，各種報告を義務付けていますが，労働基準監督署長から報告を命じられるまでもなく，事業主が能動的に行わなければならない報告を規定しています。いくつか挙げるとすれば次のようなものがあります。

---

　①　健康診断結果報告（同規則52条）

　②　検査及び面接指導結果の報告（同規則52条の21）

　③　有害物ばく露作業報告（同規則95条の6）

　④　事故報告（同規則96条）

　⑤　労働者死傷病報告（同規則97条）

　上記①および②については，健康診断等を実施すること自体が義務付けられていますので，報告をしていない場合であっても，そもそも健康診断等を実施していなければ，報告書未提出の違反ではなく，健康診断等の未実施として違反となります。なお，これらは，常時50人以上の労働者を使用する事業場が対象とされています。

　他方，上記③〜⑤は，事業場の規模（労働者数）にかかわらず，そのような事故等が生じた場合に，その報告書の提出が義務付けられるものです。

労災隠し：労働者死傷病報告

　このうち，⑤の労働者死傷病報告の提出を怠った場合を，いわゆる「労災隠し」と呼んでいます。主に，司法処分（書類送検等）の対象とされるのは，死亡または休業4日以上の労働災害についての報告を怠った場合です。

　被災した労働者が，労災保険の給付請求を行い，労災の発生を労働基準監督署長が知るところとなったとしても，これとは別に，労働者

死傷病報告の提出を行うことが事業者の義務とされています。労災の手続をしたことにより報告をしたということにはなりません。

　また，派遣労働者が派遣先で被災した場合には，派遣元事業者も派遣先事業者も，いずれもが，労働者死傷病報告の提出義務を負います。

▍罰則等

　安衛法120条は「次の各号のいずれかに該当する者は，50万円以下の罰金に処する。」として同条5号で「第100条第1項又は第3項の規定による報告をせず，若しくは虚偽の報告をし，又は出頭しなかった者」と規定しています。

　そのため，労働者死傷病報告の提出を怠った場合だけでなく，労災が発生したにもかかわらず，事実と異なる虚偽の報告をした場合も同条違反が成立することとなります。

　例えば，2022（令和4）年5月16日付け労働新聞では，労働者死傷病報告に虚偽の災害発生状況を記載して提出したとして，安衛法100条違反を理由に書類送検されたとの記事が掲載されています。さらに2023（令和5）年3月20日付け労働新聞では，派遣労働者が被災した事故について，労働者死傷病報告を提出しなかったことが同法100条違反にあたるとして，派遣元および派遣先の各事業者を書類送検したとの記事が掲載されています。

　また，2022（令和4）年8月8日付け労働新聞では，工事現場に定期監督の立入り調査をした労働基準監督官に対して，「（この現場で）労働災害は発生していない」と虚偽の陳述をしたとして，事業者が書類送検となったとの記事が掲載されています（ただし，安衛法91条（労働基準監督官の権限）違反が理由とされています）。

┃労災に疑義がある場合

　なお，労働者の傷病等が発生したことは事実だとしても，それを目撃した人がいないときなど，それが「労働災害」にあたるかどうかに疑義がある場合はありえます。特に，精神障害等の疾病を理由に休業した場合には，それが業務に起因するものであるのか，直ちに明らかにならない場合があります。

　そのようなときは，「事故について労災と判断したものではないが」という趣旨の書面の提出とともに，労働者死傷病報告を提出しておけばよいと思われます。

　あるいは，労働者が精神障害を発症した場合には，おそらく，労災保険の給付の請求がされ，そのための調査および業務上外の判断がなされるはずです。そのため，労働者死傷病報告は「遅滞なく」提出することを求められていますので，「精神障害について業務に起因するものとは判断していませんが，業務上のものとして，労災保険を支給する決定がされたときは，提出いたします。」という趣旨の報告をしておけばよいと思われます。

■労災と安全衛生

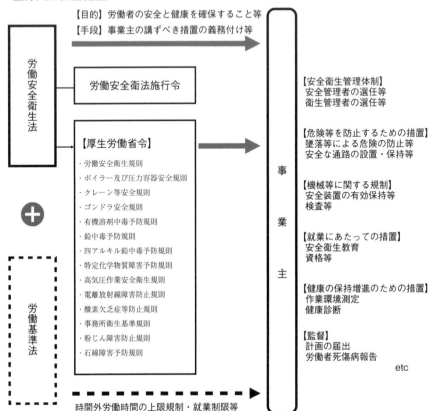

【目的】労働者の安全と健康を確保すること等
【手段】事業主の講ずべき措置の義務付け等

労働安全衛生法

労働安全衛法施行令

【厚生労働省令】
・労働安全衛生規則
・ボイラー及び圧力容器安全規則
・クレーン等安全規則
・ゴンドラ安全規則
・有機溶剤中毒予防規則
・鉛中毒予防規則
・四アルキル鉛中毒予防規則
・特定化学物質障害予防規則
・高気圧作業安全衛生規則
・電離放射線障害防止規則
・酸素欠乏症等防止規則
・事務所衛生基準規則
・粉じん障害防止規則
・石綿障害予防規則

労働基準法

時間外労働時間の上限規制・就業制限等

事業主

【安全衛生管理体制】
安全管理者の選任等
衛生管理者の選任等

【危険等を防止するための措置】
墜落等による危険の防止等
安全な通路の設置・保持等

【機械等に関する規制】
安全装置の有効保持等
検査等

【就業にあたっての措置】
安全衛生教育
資格等

【健康の保持増進のための措置】
作業環境測定
健康診断

【監督】
計画の届出
労働者死傷病報告

etc

[第4章]

労災と行政活動等

　これまでは，主に，労災が発生した場合に，労災保険法および安衛法等にどのような規定があり，被災した労働者はどのような制度を利用できるか，あるいは事業主に対してどのようなことを義務付けているかを見てきました。

　これに対して，この章では，行政の有する法令上の権限を基礎として，労災保険給付の支給・不支給決定以外に，労災の発生を端緒として，どのような調査，指導，処分が行われる可能性があるかについて説明していきます。

　また，労災保険給付に関して，行政の行った処分に対する不服申立て（審査請求）および取消訴訟についても，ここで触れておきます。

調査と監督

Q

労災が起きたとき，行政として，どのようなことを行いますか？

A

労災の原因等を解明し，再発防止のための調査等が行われることがあります。労災保険給付のための調査も必要に応じて行われます。

❓ 疑問点

行政活動は，法律に基づき行われなければなりません。そこで，労災に関連して行われる調査等の行政活動は，どのような根拠に基づき，どのようなことが行われるものでしょうか。

🖋 解　説

▎法令の規定

労災保険法48条1項は，行政庁に対して，その職員が適用事業の事業場等に立ち入り，関係者に質問させ，または帳簿書類その他の物件を検査させることができると規定しています。また，同法49条は，労

働者の診療を担当した医師に対して報告を求めることができると規定しています。

　労働者が，労災保険の給付の請求をした場合，労働基準監督署の職員が実地調査等を行いますが，この条文が根拠となります。徴収法にも同様の規定があります（徴収法43条1項）。

　他方で，労基法101条1項は，労働基準監督官が，事業場等に臨検し，帳簿および書類の提出を求め，または使用者もしくは労働者に対して尋問を行うことができると規定しています。同様の規定が，安衛法91条1項，最低賃金法32条1項，家内労働法30条1項，賃金の支払の確保等に関する法律（賃確法）13条1項，作業環境測定法39条1項，じん肺法42条1項にもあります。

調査・臨検監督

　労災保険の給付について調査が必要な場合は，上記の労災保険法の規定に基づき，厚生労働事務官が調査を行い，監督署長に復命（報告）し，最終的に監督署長が支給・不支給の決定を行います。その過程で労働者の傷病等が業務上のものかどうかを判断することは前に説明したとおりです。

　これに対して，労災が発生した場合，安衛法の規定に基づき，その原因等を調査することが行われますが，この調査は「災害調査」と呼ばれています。労災だけでなく，大規模な事故が生じた場合にも実施されます。

　また，労災の発生を契機として，労基法ないし安衛法の規定に基づき臨検監督を実施することがあり，この臨検監督は「災害時監督」と呼ばれています。災害時監督は，上記の災害調査と異なり，労災発生の原因を調査するというよりも，その際に法違反がなかったかという観点で行われるものです。ただし，災害調査も災害時監督も，同じ労働基準監督官が実施し，その時に確認した事実等をそれぞれ異なる書

式で報告を行うことがほとんどです。つまり，理由を異にして，常に2回以上に分けて別々の調査等が行われることを予定しているというものではありません。

　そして，法違反があれば，労災の再発防止の目的も含め，その是正を求めることとなりますが，是正がされたことを確認するための臨検監督（再監督）が行われることもあります。

　さらに，労災保険給付のための調査と災害調査等は，その目的が異なるため，また受動的に行うか能動的に行うかという違いもあり，実施される時期が異なることがほとんどです。そのため，労災が発生したのち，災害調査や災害時監督が先行して実施され，その後，保険給付のための調査が行われる場合がありますので，事業主としては，複数回の調査等に応じなければならないこととなります。

■調査・監督・司法処分（捜査）

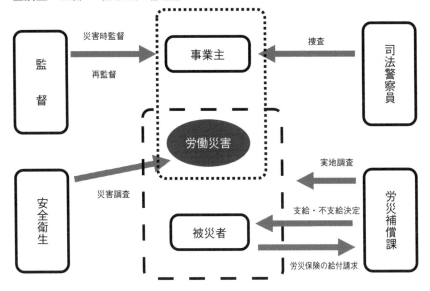

司法処分と行政指導

Q

　労災に伴う調査で法違反が見つかった場合，なんらかの処分がされることになりますか？

A

　違反があればその是正を求められる場合や，是正を求められるとともに捜査が開始され，送検手続（司法処分）がとられる場合もあります。

？ 疑問点

　法違反を理由に，労働基準監督官が事業主を書類送検する事例がありますが，どのような経緯および根拠により，そのような処分となるのでしょうか。

解　説

司法警察員

　労働基準監督官は，次の法律の規定に違反する罪について，司法警

察員の職務を行うものとされています（なお，労働基準法では，「司法警察官」と規定されていますが，司法警察職員等指定応急措置法2条により，「司法警察員」に読み替えられています）。

・労基法（102条）

・安衛法（92条）

・最低賃金法（33条）

・家内労働法（31条）

・賃確法（11条）

・作業環境測定法（40条）

・じん肺法（43条）

捜査および送検

　労働基準監督官である司法警察員は，刑事訴訟法（刑訴法）189条以下の規定に基づき，上記の法律違反について犯罪の捜査を行うことができるものですが，警察官である（一般）司法警察職員と区別され特別司法警察職員と呼ばれています（刑訴法190条）。

　司法警察職員と司法警察員では，後者の方が権限が広く，司法警察職員が被疑者を逮捕したときの引致を受け（刑訴法202条），弁解の機会を与えるなどの逮捕の手続（刑訴法203条）を行うことができます。

　また，逮捕（刑訴法199条3項），捜索・検証・差押え（刑訴法218条4項）は裁判官の発する令状により行わなければならないのが原則ですが，その令状の請求も検察官，検察事務官および司法警察員が行うものとされており，司法警察職員では行うことができません。

　そのため，労働基準監督官は，逮捕，捜索・検証・差押えおよびそのための令状の請求を行うことができ，また，被疑者等の取調（刑訴法197条1項本文，198条1項，223条）を行い，事件を検察官へ送致すること（送検手続・刑訴法203条等，246条）ができることになりま

す。労働行政においては，これら一連の捜査を行い，捜査を行った事件について，検察官への送致までの手続を行うことを，通常，「司法処分」「送検手続」などと呼んでいるものです。

是正勧告

上記の司法処分と異なり，労働基準監督官が，事業主に対し，法律違反について違反事項を指摘し，その是正を求めることを「是正勧告」と呼んでいます。

これは，法令上に具体的な根拠があるものではなく，行政指導として行われているもので，労働基準監督官から，「是正勧告書」という書面が交付され行われます。

そのほかに，「指導票」という書面の交付を受ける場合がありますが，これは，法律違反とは別に，今後の災害発生の防止等のために，改善等を促すための指導事項を記載して交付するものです。多くの士業の先生方がHPでその区別を記載するように，是正勧告書が交付される場合との違いは，法違反の有無によるものです。

そのため，労災事故の発生原因とは無関係でも，法違反の事実があれば是正勧告書が交付され是正を求められる場合がありますし，労災事故の原因となった事実について，それが法違反と認められないとしても，指導票が交付されその改善および報告を求められる場合があります。

司法処分と是正勧告との関係

行政（厚生労働省）においては，一般的には，悪質・重大な法違反があるときに，司法処分を行うと説明されているようです。

ただ，その場合であっても，法違反を確認した場合に，直ちに捜査が開始されることもあれば，是正勧告書を交付し，まずはその是正を

促す場合もあります。そのため，是正勧告書には，通常，「是正しない場合には送検手続をとる場合があります」という趣旨の文言が付されています。

したがって，違反した事実が重大な結果を惹起したときは，違反事実それだけで悪質・重大な法違反と評価される場合もあれば，是正勧告を受けながらそれでも違法状態が改善されないときに，悪質・重大な法違反と評価される場合もあります。

その他にも，是正勧告を受け，一旦は是正しながらも再び同じ法違反に及び，それが明らかになった場合などは，やはり，悪質・重大な法違反と評価され司法処分となることがあります。

是正勧告を行う理由

上記のように，労働基準監督官は，法違反を認めたときに，どのような場合においても直ちに捜査に着手するというものではありません。

例えば，警察官であれば，被疑事実（違反事実）にもよりますが，多くの場合は，直ちに逮捕して，送検手続に及ぶこととなります（道路交通法におけるスピード違反等のように，行政手続として反則金の支払いを先行させる場合はありますが，刑事罰ではないにしても，経済的な不利益を課されていることは事実です）。

しかし，労働行政においては，法違反の是正を促し，迅速に労働条件の確保を図ることが基本的な使命であると理解し，それを理由に，捜査による刑事責任の追及を基本とせずに，基本的には是正勧告を行って是正を求めるものと説明されています。

そのため，このような考え方を踏まえれば，労働基準監督官において，「悪質・重大」な法違反と評価する事案というのは，労災により労働者が死亡した場合，虚偽の報告を行った場合および労災隠しのように，是正を促すことにより労働条件の確保（損害の回復）が図られ

ることが期待できない場合が，少なくともこれに当たるものと理解することができます（最近では，労基法36条の改正に伴い時間外労働の上限規制違反も同様に即時に送検手続となっているようです）。

　なお，司法（刑事）の章でも述べますが，労災事故が発生した場合において，司法処分を行うときは，法違反が労災事故発生の原因となっているかどうかは厳密な意味では無関係です。ですから，労災があれば司法処分を行う場合があるというものではなく，労災を契機として，法違反があれば，司法処分を行う場合があるというのが，正確な理解です。

　そのため，労災が発生しながらも，幸いにして重篤ともいうべき結果が生じていない場合において，労働者死傷病報告の提出を行わず，報告を怠ること（さらには意図的に隠すこと）は「悪質・重大」な法違反と評価される場合が多いことから，自ら刑事事件として立件されることを招来するようなものといえます。

是正勧告と是正報告

Q
　司法処分となり送検された場合，是正勧告を受けたとしても，是正する必要はなくなりますか？

A
　なくなりません。是正勧告を受けた以上は，法違反の是正およびその報告を行うことを求められます。

❓ 疑問点

　労災事故を契機として司法処分とされた場合，是正を行う必要はなくなるのでしょうか。例えば，労働者死傷病報告を提出せず，労災隠しとして司法処分となった場合には，既に，労災が発生したことを労働基準監督署は把握しているはずですが，いかがでしょうか。

🖋 解　説

▌是正勧告

　司法処分とされてしまえば，是正勧告書に記載のあるような，是正

しなければ送検手続をとられる場合があるという前提はなくなっていますので，間接的に是正を強制されているということにもならないというのはそのとおりです。

また，上記の場合であれば，労災の発生した事実は労働基準監督署の知るところとなり，労働者死傷病報告の提出も意味を有しないように思われます。

しかし，司法処分と行政指導は，その根拠も目的も全く異なるものですので，是正勧告がされた以上は，是正を求められていることには変わりません。例えば，自動車を運転中に交通違反をした場合，自動車運転に関する罪で刑事裁判を受けるとともに，行政処分として，運転免許の取消しがされる場合がありますが，それと同じです。

労働者死傷病報告は，「遅滞なく」提出することを法令が義務付けていますので，それに遅れれば違法となります。この場合，これを理由に司法処分となったとしても，既に提出時機を逸しており是正とは言い難い点はありますが，「提出」することによる是正を求められているものとなります。

もっとも，労災事故が発生した，それについての災害調査や法違反の検討に時間を要する場合もあり，さらに司法処分が重なれば，労働基準監督官の業務の負担も増すため，速やかに是正勧告がされない場合もあります。

そのような場合，是正勧告された事項について，既に是正がされている，あるいは是正が不可能となっている場合もあるかと思います（例えば，解体現場で既に工事が終わってしまったような場合です）。

そのような場合には，次に説明します是正報告により，その旨を報告すれば基本的には足りると思われます。

是正報告

是正勧告がされた場合，ほとんどの場合，その是正状況について報

告を求められることになります。是正勧告は行政指導であり，具体的な根拠条文があるものではありませんが，報告を求めることについては，労基法104条の２第２項や安衛法100条３項に根拠が存在します。

　是正勧告がされる場合，「是正期日」が併せて記載され，それまでに是正することを求められますが，すぐに是正を求める場合には「即時」と記載される場合もあります。

　反対に，是正勧告する時点で，既に是正済みであることが確認できる場合は「今後」と記載し，別途報告を求めない場合もあります。

　なお，是正報告をしない場合，労基法120条５号，安衛法120条５号が，これについてそれぞれ罰則を定めていますので，これ自体が司法処分の対象となる場合があります。

虚偽報告・再度の法違反

　また，是正報告を行いながら，虚偽の事実を報告する事業主も稀にいますが，これについても，労基法120条５号，安衛法120条５号が，それぞれ罰則を定めていますので，これ自体が司法処分の対象となる場合があります。

　さらに，是正報告がされた場合において，その是正状態が継続しているかどうかを確認する必要性が高い場合があります。例えば，機械等の安全装置を有効にしていないことについて是正勧告を受け，是正報告として，その安全装置の設置および使用状況について報告を行ったような場合です。他にも，健康診断については，法令により定期的に行うことが義務付けられていますので，その未実施について一度是正をしたとしても，以後，定期的に行われていなければ，行政としては是正勧告をしたことの意味がなかったことになります。

　そして，これらのような場合であれば，事業主が法違反についての認識を有していながら同じ法違反を繰り返したと認められ，重大・悪質という評価となり，司法処分とされる可能性が高いといえます。

■司法処分と行政指導

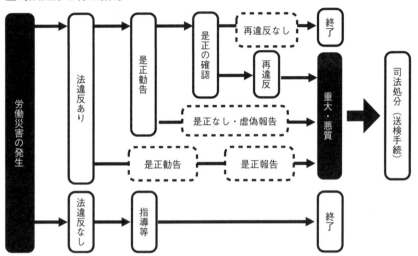

使用停止・変更命令処分

Q

　法違反を理由に是正勧告を受けた機械について，是正するまでの間も，そのまま使用しても構わないでしょうか？

A

　是正するまで使用の停止または変更等を命じられるときがあり，その場合は使用することはできません。

? 疑問点

　是正勧告で，是正期限を「即時」とされたものであっても，是正するまでに期間を要し，その間，勧告を受けた対象の機械等を使用する必要がある場合があることも理解できなくはありません。

　その場合，そうであっても，そのまま使用を続けてもよいのでしょうか。

解　説

使用停止命令等

　安衛法98条1項は，労働局長または労働基準監督署長は，法違反があ る場合に，事業者等に対し，「作業の全部又は一部の停止，建設物等の全部又は一部の使用の停止又は変更その他労働災害を防止するため必要な事項を命ずることができる。」ものと規定しています。

　また同条3項は，労働基準監督官は，同様の場合において，「労働者に急迫した危険があるときは，これらの項の都道府県労働局長又は労働基準監督署長の権限を即時に行うことができる。」と規定し，上記のように，作業の停止等を命じることができるものとしています。

　この権限に基づき行われる命令を，「使用停止処分」と呼んでいます。

　使用停止処分は，労災保険給付の支給・不支給決定と同じで行政処分として行われるものであり，例えば，食中毒が発生した飲食店に対して，保健所が，その営業停止を命じることがあることはよく知られていますが，それと同じ法的性質を有するものです。そのため，これに不服があれば，行政不服審査法に基づきその処分を争うことは可能です。この点で，使用停止処分は，行政指導である是正勧告と異なります。

　例えば，機械について，原動機，回転軸，歯車，プーリー，ベルト等については，回転して，あるいは回転軸に巻かれたベルトを介して他の回転軸等に動力が伝えられるようになっており，これが剥き出しとなった状態で使用されれば，労働者が巻き込まれる危険があります。

　そのため，その危険を防止するために覆いを設けなければなりませんが（安衛法20条，労働安全衛生規則101条1項），それがなされていない場合には，使用停止を命じることとなります。

　その他に，建設現場において，開口部があり手すりが設けられてい

ないような場合には，労働者がそこから墜落・転落する恐れがあるため，手すりを設置することだけでなく，「その他労働災害を防止するため必要な事項」として労働者の立入りを禁止することなどの命令を出す場合もあります。

使用停止命令の解除

使用停止命令等がされる際には，同じ法違反を理由に是正勧告も行われることが通常です。そのため，その点について是正報告を求められ，その報告により，法違反が解消されたことが確認できれば，使用停止命令等は解除されます。

司法処分と使用停止命令等

是正勧告の場合と同様に，使用停止命令等と司法処分は全く異なるものですので，司法処分となる場合にも，使用停止命令等がされる場合があります。

そのため，労災が発生したことによる災害調査ないし災害時監督の際に，労災の発生した原因とは関係のないものであっても，法違反があれば是正勧告のほか，使用停止命令等が行われる場合があります。

なお，筆者も，労働基準監督官をしていた頃，是正勧告のほかに使用停止命令書を交付して機械の使用を停止したことがあります。また，弁護士になってからは，労災を原因とした損害賠償請求を受けた事業主から相談および依頼を受けたことがありますが，その事業主は，安衛法違反を理由に司法処分とされ罰金刑を受けるとともに，機械設備の回転軸等の箇所について，覆いがないことを理由に使用停止命令も受けていました。

寄宿舎の使用禁止

Q

安衛法と同じように，労基法の中に使用停止命令等と同じような処分は規定されていますか？

A

寄宿舎の使用停止命令等の規定があります。

法令の規定

労基法の中に，第5章として安全及び衛生の章がありますが，それが別に安衛法として制定されたことは説明したとおりです。

そのため，機械設備等に対する使用停止命令等の処分は安衛法を根拠として行われるものですが，労基法96条の3第1項が，行政庁（労働基準監督署長）について「労働者を就業させる事業の附属寄宿舎が，安全及び衛生に関し定められた基準に反する場合においては，行政官庁は，使用者に対して，その全部又は一部の使用の停止，変更その他必要な事項を命ずることができる。」と規定しています。

そして，同法103条が「労働者を就業させる事業の附属寄宿舎が，安全及び衛生に関して定められた基準に反し，且つ労働者に急迫した危険がある場合においては，労働基準監督官は，第96条の3の規定による行政官庁の権限を即時に行うことができる。」と規定しています。

寄宿舎

　寄宿舎とは，常態として相当人数の労働者が宿泊し共同生活の実態を備えるものとされていますが（昭和23年3月30日付け基発508号），最近問題となるのは，外国人の技能実習生を受け入れて，寮を設置するなどして共同生活をさせているような場合です。

　他にも，建設業であれば，山奥のダムやトンネルの工事を行う場合には，通勤するには不便であるため寄宿舎を設置し，あるいは近くの住宅を借り上げて，そこに労働者を住まわせる場合もあり，それが寄宿舎に該当する場合もあります。

　いずれにしても，業務から離れた時間および場所であっても，労働者が寄宿舎で共同生活を送る場合には，業務の場合と同じように，その設備等による安全衛生を確保する必要性は否定されません。そのため，事業主の設置する寄宿舎について，その備えるべき構造等については事業附属寄宿舎規程で規定されるとともに，労働基準監督署長には，それから生じる危険を避けるために，使用停止命令等の処分を行えるように規定がされているものです。

─第6節─

支給・不支給決定に対する不服

Q
　労災保険給付の支給を請求したときに，不支給決定となった場合は
どうしたらよいですか？

A
　審査請求をして，処分の取消しを求めることができます。

疑問点

　労災保険給付の請求について，処分を決定するにあたっての，例え
ば，業務上外の判断が絶対的に正しいという保証はありません。その
ため，不支給決定とされた場合，この処分を争うことができないかが
問題となります。

解　説

▎審査請求

　労災保険法は，第5章に「不服申立て及び訴訟」として，保険給付
に関する決定を争うための手続を規定しています。

　具体的には，同法38条1項が「保険給付に関する決定に不服のある
者は，労働者災害補償保険審査官に対して審査請求をし，その決定に
不服のある者は，労働保険審査会に対して再審査請求をすることがで
きる。」としています。

　そのため，不支給の決定について不服がある場合は，まずは，都道
府県労働局に席を置く，労働者災害補償保険審査官に対して審査請求
を行う必要があります。

取消訴訟

　その上で，次に，労災保険法40条は「第38条第1項に規定する処分
の取消しの訴えは，当該処分についての審査請求に対する労働者災害
補償保険審査官の決定を経た後でなければ，提起することができな
い。」としています。このことを審査請求前置主義といいます。

　そのため，審査請求を行い，労働者災害補償保険審査官が不支給の
決定を取り消さなければ，労働基準監督署長の処分の取消しを求めて，
取消訴訟（行政事件訴訟法3条2項，8条以下）を提起することがで
きます。

　また，労災保険法38条2項が「前項の審査請求をしている者は，審
査請求をした日から3箇月を経過しても審査請求についての決定がな
いときは，労働者災害補償保険審査官が審査請求を棄却したものとみ
なすことができる。」と規定しています。そのため，労働者災害補償
保険審査官の決定を経ずとも，その時点で，取消訴訟を提起すること
ができることとなります。

取消訴訟と行政処分

　行政庁の処分を訴訟手続で争うことができる理由は，憲法32条が裁
判を受ける権利を保障し，裁判所法3条1項が，裁判所に「法律上の

争訟」について裁判する権限を有するものとしている点にあります。つまり，行政処分を争うことが法律上の争訟にあたる限り，その処分を訴訟手続で争うことが可能となります。

　ここで，法律上の争訟とは「当事者間の具体的な権利義務ないし法律関係の存否に関する紛争であって，且つそれが法律の適用によって終局的に解決し得べきもの」をいいます（昭和28年11月17日最高裁判決）。

　そして，保険給付に関する決定に対する不服は，労働者が，保険事由該当性等（事故等による傷病等が業務上のものであることなど）を理由に，労災保険（政府）に対して保険給付を求める権利を争うものですから，この法律上の争訟にあたります。

使用停止処分を争う場合

　安衛法98条1項による使用停止命令等についても，行政処分として不服を申し立てることができます。この場合，行政不服審査法4条4号により，厚生労働大臣に対して行うこととなります。

是正勧告の行政処分非該当性

　なお，是正勧告については，行政処分ではないため，裁判所に対してその取消しを求めることはできないものと解されています。例えば，昭和45年9月25日福井地裁判決は，是正勧告について，行政処分ではなく「法違反に対する行政指導上の措置であるに止まり，・・・何らの法的効果を生ずるものではない」と判示しています。

平均賃金（給付基礎日額）についての不服

Q

　労災保険給付の請求が不支給決定となった場合以外に，決定を争うことはできませんか？

A

　平均賃金（給付基礎日額）を争うことはできます。

? 疑問点

　労災保険給付の支給が決定されたとしても，給付基礎日額が低く算定された場合，給付の額も少なくなるため，これについて争うことができないでしょうか。

解　説

| 不服申立ての利益・訴えの利益

　先ほど説明しました，労災保険法38条１項が「保険給付に関する決定に不服のある者」について審査請求を行うことを認めていますので，不支給とする決定に限られるものではありません。支給決定について

も対象となります。

　そして，一般的に，不服申立ての利益があることが審査請求を行うための前提となる要件と解されています（これが訴訟手続であれば，訴訟要件の1つである「訴えの利益」となります）。

　そこで，労災保険法をみると，同法8条1項は「給付基礎日額は，労働基準法第12条の平均賃金に相当する額とする。」と規定し，この給付基礎日額が，保険給付の額を算定する際の基本的な単価として用いられます。

　その上で，労働基準監督署長の当初の処分が取り消され，給付基礎日額が高く算定されることとなれば，労災保険の給付額も高くなるため，給付基礎日額を争うことに，不服申立ての利益も認められます。

　このことは，同様に，行政事件訴訟法9条1項の「取消しを求めるにつき法律上の利益を有する者」にもあたりますので，取消訴訟の原告適格性も認められます。

▌裁判例

　平成31年4月26日東京地裁判決（①）は，遺族補償給付および葬祭料の支給について，その給付基礎日額の算定に誤りがあり違法であるという理由で，労働基準監督署長の決定を取り消したものです。

　また，令和1年11月7日東京地裁判決（②）も，上記裁判例同様に，遺族補償給付および葬祭料の支給について，その給付基礎日額の算定に誤りがあり違法であるという理由で，労働基準監督署長の決定を取り消したものです。

　上記の各裁判例は，いずれも，給付基礎日額の算定にあたり，本来支給されるべきであった時間外労働等割増賃金を賃金の総額に算入しなかったことを原因として，その誤りを認めたものです。

　①については，労働基準監督署長が，固定残業代として支給された手当について，本来であれば，時間外労働等割増賃金の支払いと認め

るべきではないところ，これを認めて給付基礎日額を算定したため，給付基礎日額が少なく算定されてしまいました。

　②については，労働基準監督署長が，労働者について管理監督者（労基法41条2号）と認めるべきではないところ，これを認めたため，上記①と同様の結論となりました。

　ここで，労基法12条1項は，平均賃金を算定するにあたり「支払われた賃金の総額」をもとにこれを算定するものとしていますが，この「支払われた」とは，現実に既に支払われている賃金だけではなく，実際に支払われていないものであっても，算定事由発生日において，既に債権として確定している賃金債権をも含むものと解されています（①の裁判例でもそのように判示されています）。

　ですから，①の裁判例では，固定残業代として支給された手当について，時間外労働等割増賃金とは認めず，これについて割増賃金の基礎となる賃金として計算した場合，未払いの時間外労働割増賃金が存在することが認められることとなります。これを「支払われた」賃金の総額に含めれば，給付基礎日額が高くなるというものです。

　②の裁判例では，同様に，管理監督者として支給された手当について，割増賃金の基礎となる賃金として含めるとともに，週40時間を超えて業務に従事した時間について支払うべき時間外労働等割増賃金が存在することとなります。そのため，上記①の裁判例と同様の結論となります。

┃ その他

　なお，不服申立ての対象となる決定としては，各補償給付の支給・不支給決定のほか，年金額や障害等級の変更決定なども含まれます。

取消訴訟

Q
　取消訴訟では，不支給決定が取り消される場合，どのような判決が言い渡されますか？

A
　「支給しない旨の処分を取り消す。」との判決が言い渡されます。

? 疑問点

　これまで説明したように，取消訴訟において業務起因性の判断に誤りがある場合や，給付基礎日額の算定に誤りがある場合には，裁判所がその決定を取り消すこととなりますが，判決の主文において，そのようなことまで示されるのでしょうか。

解　説

▌判決主文

　取消訴訟で，原告（労働者ないし遺族）の請求が認められる場合，概ね次のような判決主文が言い渡されます。

> 「○○労働基準監督署長が原告に対して令和○年○月○日付けでした労働者災害補償保険法に基づく○○補償給付を支給しない旨の処分を取り消す。」

　このとき，決定が取り消される理由については，例えば，労働者性の判断であったり，業務起因性の判断であったり，様々なものが考えられます。

　これについては，判決の「理由」の中で示されるにとどまり，判決の主文に示されることはありません。

判決確定後の取扱い

　判決が確定した場合，その主文では「取り消す」と宣言することにより，不支給決定がされていない法律関係が形成されることになります。もっとも，被災した労働者等の行った労災保険給付の支給請求まで取り消されるものではありませんので，労働基準監督署長は，判決を踏まえ，この請求について，改めて支給決定を行うこととなります。

　なお，上記の取消訴訟の判決のように，判決により一定の法律関係が形成されるものを「形成判決」と呼びます。形成判決と分類される判決は，ほかにも，離婚訴訟において「離婚する」と宣告して法律関係を形成するなどの場合があります。

審査請求および取消訴訟の期間

> **Q**
> 審査請求はいつまで行うことができますか？
>
> ---
>
> **A**
> 決定がなされたことを知ってから3か月以内に行うことができます。

？ 疑問点

不支給決定を行ったにもかかわらず，いつまでも審査請求ができるのであれば，労働基準監督署は，それに備えて調査資料を永年保存しなければならなくなりそうです。審査請求に期限はあるのでしょうか。

解　説

▌審査請求　3か月

労働保険審査官及び労働保険審査会法8条1項は「審査請求は，審査請求人が原処分のあったことを知った日の翌日から起算して3月を経過したときは，することができない。ただし，正当な理由によりこ

の期間内に審査請求をすることができなかったことを疎明したときは，この限りでない。」と規定しています。

　なお，行政不服審査法18条1項にも，これと同様の規定がありますので，使用停止処分についても，これを知った日の翌日から起算して3か月以内しか，審査請求を行うことができません。

　もっとも，同条2項で「処分についての審査請求は，処分（当該処分について再調査の請求をしたときは，当該再調査の請求についての決定）があった日の翌日から起算して一年を経過したときは，することができない。ただし，正当な理由があるときは，この限りでない。」と規定されていますので，使用停止処分についてはこれらの適用があります。なお，労災保険法38条に定める審査請求および再審査請求については，この規定は適用されません（労災保険法39条）。

再審査請求　2か月

　また，労働保険審査会に対する再審査請求については，労働保険審査官及び労働保険審査会法38条1項が「労働者災害補償保険法第38条第1項又は雇用保険法第69条第1項の規定による再審査請求は，第20条の規定により決定書の謄本が送付された日の翌日から起算して2月を経過したときは，することができない。」と規定しています。

取消訴訟　6か月

　支給・不支給決定について，取消訴訟を提起するには次のように，行政不服審査法18条と同様の規定（出訴期間）が定められています。

　行政事件訴訟法14条1項「取消訴訟は，処分又は裁決があったことを知った日から6箇月を経過したときは，提起することができない。ただし，正当な理由があるときは，この限りでない。」

　同条2項「取消訴訟は，処分又は裁決の日から一年を経過したとき

は，提起することができない。ただし，正当な理由があるときは，この限りでない。」

　以上のことからすれば，最終的には，取消訴訟により最高裁で判決が確定するまでは支給・不支給決定を争うことができることとなります。

　しかし，支給・不支給決定（処分）があったことを知った日から6か月が経つとこれについて取消しを求めることができなくなります。そのため，審査請求を行っていれば，これについての決定について再審査請求を行うか，取消訴訟を提起するかによって争うこととなります。

　再審査請求を行ったにもかかわらず，再審査請求が棄却された場合は，この裁決があったことを知った日から6か月の間であれば，この裁決を争って取消訴訟を提起することができます。

■支給決定・審査請求・取消訴訟

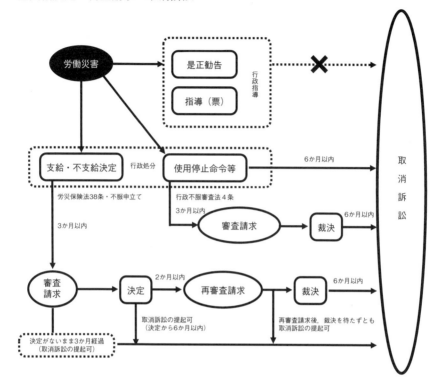

支給決定前の事業主による不服の主張

Q

　保険給付の請求に対して，労働基準監督署長が決定を出すにあたり，事業主がこれを争うことはできませんか？

A

　直接的にこれを争うための何らかの関与を行うことはできませんが，いくつか考えて対応すべき点はあります。

? 疑問点

　労働基準監督署長が，労働者の傷病等について業務起因性が認められ労災と判断した場合，事業主は，民事訴訟等で不利に判断される可能性や労災の保険料率が増加するという一定の不利益が生じる場合があります。

　そのため，労働基準監督署長が業務上と認定して支給決定をしないよう，その判断過程に関与することはできないものでしょうか。

解　説

労働者死傷病報告

　これについては，既に説明しましたが，「遅滞なく」提出しなければ，労災隠しとして刑事罰を科される可能性があります。

　しかし，特に，精神障害を含むなんらかの疾病を発症した場合に，それが業務によるものと判断しうるかは，直ちに明らかになるものではありません。現認した者がいなければ，負傷の場合であっても同様です。

　にもかかわらず，労働者死傷病報告を提出してしまえば，そこに記載した事実（災害発生状況および原因等）を認めたものと判断されかねません。

　そのため，事業主として，労働者の傷病等が明らかとなった場合でも，これが労災ではないと認識・判断するときは，その旨を，任意の形式の書面で構いませんので，労働基準監督署に提出しておけばよいです。なお，その書面だけ提出しようとしても，労働基準監督署において受付されない可能性もありますので，労働者死傷病報告を一応は作成し，それと一体のものとして提出すれば，おそらく受け付けてもらえるはずです。

　他方で，労働者死傷病報告を提出する前に，労働者の労災保険給付の請求について，労働基準監督署長の支給決定の判断がされた場合には，同署における手続においてその判断をこれ以上争うことはできません。そのため，法違反とならないために，労働者死傷病報告を提出する必要はありますが，事業主としては業務によるものとは認めないことおよびこれを理由に提出時期が遅れた旨を記載した書面を一緒に提出しておけばよいと思われます。

請求書の事業主証明の欄

　労災保険給付は，被災した労働者やその遺族を受給権者として，その請求に基づいて行うものとされています（労災保険法12条の8第2項）。

　そして，労働者等が請求書を提出する際には，負傷または発病の年月日，災害の原因および発生状況等について事業主の証明を受けなければならないこととなっていますが（労災保険法施行規則12条2項，12条の2第2項，13条2項，14条の2第2項，15条の2第2項，16条2項，17条の2第2項），事業主がこれを労災と認識していないにもかかわらずこの証明をした場合，これを認めたものと判断されかねません。

　もっとも，事業主の証明を受けなければならないのは労働者等の受給権者であり，証明をすること自体は事業主の義務ではありませんし，労働基準監督署において，これがないことを理由に請求書の提出を拒むものとはしていないようです。

　そのため，事業主としては，労災ではないと認識する場合には，請求書に証明をしないという対応をとることができますし，これを丁寧に行おうとすれば，証明を拒む理由を記載した書面を作成し，それと共に請求書を提出してもらうようにすればよいと思われます。

支給決定後の事業主による不服の主張

Q

保険給付の請求に対して，労働基準監督署長が支給決定を行ったとしても，事業主が，この決定を争うことはできませんか？

A

労働保険料の認定決定を争う中で，その理由として，労働基準監督署長の決定の違法性を主張することができるようになりそうです。

? 疑問点

被災した労働者等は，労働基準監督署長の決定に対して審査請求や取消訴訟の申立てを行うことができますが，事業主として，保険料が増額されないために，これを争うことはできないのでしょうか。

解　説

メリット制と保険料の認定決定における不服申立理由の制限

保険料率は，労災の発生により一定の範囲内で増減するものとされています（メリット制・徴収法12条3項）。これにより概算保険料の

申告がされながらも額に誤りがある場合または申告が行われない場合には，保険料の認定決定が行われ事業主に対して通知されます。

　事業主が認定決定された保険料を争うためには，行政不服審査法により厚生労働大臣へ審査請求をするか行政訴訟でこれを争うことができますが，ここで，増加した保険料率の原因となった保険給付の支給決定についての違法性を争い，これを主張することはできませんでした。

　そのため，事業主が，保険料が増額する不利益を負わされる一方で，労働者に対する保険給付の支給決定の原因である保険事故について，これが労災にあたらないこと（業務起因性がないこと等）を主張して争うための機会が保障されていないものでした。

　しかしながら，以下のような裁判例において，事業主が直接，保険給付の支給決定を争うことの原告適格を有するとの判断がなされたこともあり，厚生労働省は，通達を発出して，事業主が保険料の認定決定を争う際に，その主張において，労働基準監督署長の支給決定を争うことができるものと整理しました。ただし，審査請求において労働基準監督署長の支給決定が違法と判断され，保険料の認定決定に影響が及ぶことになっても，被災した労働者等に対する支給決定の効力それ自体には影響が及ばないものと整理されています。

▎裁判例：保険料の認定決定を争ったもの

　平成29年1月31日東京地裁判決（医療法人社団総生会事件）は，メリット制により定められた保険料率を前提とする保険料の認定決定（徴収法19条4項）について，その取消しを求めて争ったものです。

　事業主がこれを争うにあたって主張した理由は，その前提となった労災保険給付の支給決定（本件支給処分）が違法であり，その結果，保険料額の認定（本件認定処分）も違法であるという点にありました。

　しかし，行政訴訟においては，先行した処分（本件支給処分）の違

法を，後行する処分（本件認定処分）において主張し，その取消しを求めることができるかという論点があります。

　その点について，裁判所は「特定事業に従事する労働者について業務災害支給処分がされたことを前提として当該事業の特定事業主に対し労働保険料認定処分がされている場合には，業務災害支給処分が取消判決等により取り消されたもの又は無効なものでない限り，・・・労働保険料認定処分の取消訴訟において，業務災害支給処分の違法を労働保険料認定処分の取消事由として主張することは許されないものと解するのが相当である。」と判断して主張を認めず，結果として，本件認定処分について適法としました。

　もっとも，事業主が原告として本件支給処分を争うだけの訴えの利益（原告適格）を有するかについて「特定事業主は，自らの事業に係る業務災害支給処分がされた場合，同処分の法的効果により労働保険料の納付義務の範囲が増大して直接具体的な不利益を被るおそれのある者であるから，同処分の取消しを求めるにつき『法律上の利益を有する者』（行訴法9条1項）として，同処分の取消訴訟の原告適格を有するものと解するのが相当である」と述べました（この控訴審である平成29年9月21日東京高裁判決も，同様の理由から，原審の判決を相当と認め，原審の判断を維持しました）。

　この裁判例の示した理由中の判断からすれば，事業主は，労働基準監督署長の保険給付の支給決定について，その取消しを求めて，原告として取消訴訟を提起することができそうです。

裁判例：労災保険給付の支給決定を争ったもの

　令和4年4月15日東京地裁判決は，上記裁判例と異なり，保険料の認定決定についてではなく，直接，労災保険給付の支給決定の違法性を理由にその取消しを求めたものです。なお，労働者は，支給決定に利害関係を有することから，補助参加人としてこの事件に訴訟参加し

ています。

　また，事業主は，判決文を読む限りでは，労災保険の支給決定がされたことを踏まえ，労災保険法38条1項の定めるところにより，労働者災害補償保険審査官に対する審査請求も行ったようです（審査請求前置主義。ただし，審査請求人適格がないという理由で却下されているようです）。

　事業主（原告）が，メリット制を適用した場合の労働保険料額の認定決定に関連して，保険給付の支給決定について取消しを求める法律上の利益を有すると主張したことについて，裁判所は「メリット制に係る特定事業主の利益は，あくまで，徴収法に基づく労働保険料の認定処分との関係で考慮されるべき法律上の利益となり得るにとどまるものと解するのが相当であり，事業主の不服申立てにより，個別の保険給付自体の是正を図ることが予定されているものとはいい難い。」と述べ，労災保険給付の支給決定との関係で，労働保険料に係る法律上の利益を保護していると解する法律上の根拠は見出せないとして，原告適格を有しないものと判断しました。

　ところが，この事件の控訴審である令和4年11月29日東京高裁判決は，原審である上記の東京地裁判決が否定した事業主の原告適格についてこれを認めました。そのため，事業主の訴えを却下した原判決を破棄して，事件を東京地裁に差し戻したところ，国がこれに上訴して，最高裁に事件が係属しましたが，その判断は本書執筆時（2023年8月21日現在）ではまだ示されていません。

▌令和5年1月31日基発0131第2号

　厚生労働省は，上記東京高裁判決の少し前である，2022年10月26日，「労働保険徴収法12条第3項の適用事業主の不服の取扱いに関する検討会」の第1回を開催し，同年12月7日の第2回の開催をへて，同年12月に同検討会の報告書を取りまとめました。

　その後，2023年1月31日，厚生労働省労働基準局長から各都道府県労働局長に対し，令和5年1月31日付基発0131第2号「メリット制の対象となる特定事業主の労働保険料に関する訴訟における今後の対応について」と題する通達が発出されています。

　これについては公にされていないようですが，その内容は，上記報告書の報告を受け，保険料の認定決定に対する審査請求において，保険給付の支給決定の違法性を争うことを認めるというものです。そして，その主張が認められる場合であっても，保険給付の支給決定の効力自体には影響しないという整理を示したもののようです。

　上記検討会の報告書等については，次のURLにある，厚生労働省のHPに掲載されています。

https://www.mhlw.go.jp/stf/newpage_29742.html

▎現状のまとめ

　以上のことからすれば，事業主は，保険料の認定決定がされたとき，保険給付の支給決定に違法があると考える場合には，厚生労働大臣に対して審査請求を行い，それを理由に認定決定の取消しを求めることができます。

　他方で，本書執筆の時点では，最高裁の判断が示されていないため，事業主が，労働基準監督署長の保険給付の支給決定について，直接，この取消しを求めることが可能となるかは未定です。

　最高裁が，国の上告を棄却すれば，東京高裁判決の判断に従い事件が東京地裁へ差し戻されて，保険給付の支給決定に違法がなかったかが審理されることとなります。このとき，裁判所が上記通達で示された解釈に拘束されることはないため，場合によっては，労災保険給付の支給決定が取り消されることもありうるかもしれません。

　反対に，最高裁が国の上告を認め，原審である東京高裁判決を破棄して，事業主の保険給付の支給決定の取消訴訟における原告適格を否

定すれば，以後，最高裁が見直すことがない限り，事業主が，司法手続において，これを争うことができないものとなります。

［第5章］

———

労災と司法
（刑事）

　前章では，労災に伴い行われる行政指導・処分等の行政活動および行政に対する不服申立て手続を見てきました。その中で，「司法処分」「送検手続」という呼び方で，労働基準監督官が捜査を行うことについても少しだけ触れました。

　本章では，その捜査から始まり，刑事裁判において判決の言い渡しを受けるまで，どのようなことが起こりうるのかについて説明をしていきます。

　労災事故が発生した場合，経済的な賠償責任や刑事責任もそうですが，捜査の対象となることは精神的な不安の原因となり，判決の言渡しに至るまでの捜査による事実上の不利益が課されることに他なりません。

　そのため，司法手続として，どのようなことが起こりうるのかを知り，可能な場合にはそれを回避し，回避しえないとしても，あらかじめ想定をして準備することにより，事業活動への負担を軽減するとともに，少しだけかもしれませんが，精神的な不安も軽くなるものと思われます。

労災と司法処分

Q

　労災が発生したことを理由に，刑事罰が科されることはありますか？

A

　労基法や安衛法違反が認められる場合や，業務上過失致死傷罪が成立する場合には，刑事訴訟を経て，刑事罰が科される可能性はあります。

❓ 疑問点

　刑事事件というと窃盗や傷害事件等について警視庁と道府県警察が捜査を行うイメージが強いですが，労災が生じた場合に，そのような刑事事件となることがあるのでしょうか。

🗟 解　説

▍罰則規定

　罪刑法定主義（憲法31条等）により，犯罪については，あらかじめ，

どのような場合にそれが罪にあたり，どのような刑罰が科されるかが
法律により定められている必要があります。

　そして，労働関係法令のうち，前章で説明しましたように，労働基
準監督官が司法警察員の職務を行うとされているものについて，次の
ように罰則の規定があります。

・労基法	第13章（117条以下）
・安衛法	第12章（115条の3以下）
・賃確法	第5章（17条以下）
・最賃法	第5章（39条以下）
・作業環境測定法	第5章（52条以下）
・じん肺法	第6章（45条以下）
・家内労働法	第7章（33条以下）

　ここで，例えば，万引きなどの窃盗罪であれば，刑法235条が「他
人の財物を窃取した者は，窃盗の罪とし，10年以下の懲役又は50万円
以下の罰金に処する。」と規定していますので，犯罪が成立するもの
として適用される条文はこの条文だけでよいこととなります。

　しかし，例えば，労基法32条1項は「使用者は，労働者に，休憩時
間を除き1週間について40時間を超えて，労働させてはならない。」
と規定しているだけですので，これだけでは，これに違反することが
犯罪にあたりどのような刑罰が科されるかが法定されたとはいえませ
ん。

　そのため，同法119条1項柱書が「次の各号のいずれかに該当する
者は，6箇月以下の懲役又は30万円以下の罰金に処する。」と規定し，
同条1号が「第3条，第4条，・・・第32条，・・・，又は第104条第
2項の規定に違反した者」と規定しています。これらと合わせて違反
事実に法条を適用することにより，労基法32条1項に違反し，犯罪が
成立することになります。

みなさんの記憶にも新しいことと思いますが、大手広告代理店の新入社員が過労で自殺した件について、会社は、労基法違反の疑いで立件され、有罪となっていましたが、この時の適用条文は、これと同じ同法32条、119条1項1号のはずです。

両罰規定等

労働関係法令に限られたことではありませんが、労基法や安衛法には両罰規定というものがあります。これは、実際に犯罪行為に及んだ者（実行行為者）だけでなくその事業主（会社でいうと法人そのもの）にも刑罰を科すためのものです。

労基法121条1項本文は「この法律の違反行為をした者が、当該事業の労働者に関する事項について、事業主のために行為した代理人、使用人その他の従業者である場合においては、事業主に対しても各本条の罰金刑を科する。」と規定しています。

安衛法122条も「法人の代表者又は法人若しくは人の代理人、使用人その他の従業者が、その法人又は人の業務に関して、第116条、第117条、第119条又は第120条の違反行為をしたときは、行為者を罰するほか、その法人又は人に対しても、各本条の罰金刑を科する。」と規定しています。

例えば、安衛法55条は、政令（安衛法施行令16条）で定めるものについて製造等の禁止を規定しています。そのため、法人（事業主）の代表者が、業務に関して同条で定める石綿を輸入した場合には、同条に違反し、その実行行為者として司法処分の対象とされます。

さらに、安衛法116条が「第55条の規定に違反した者は、3年以下の懲役又は300万円以下の罰金に処する。」と規定していることから、同法122条により、法人も罰金刑を科されることとなります。

このことからわかるように、実行行為者が事業主（法人）の代表者でなかったとしても、代表者は法人としての取調べの対象になるとい

うことです。

　ちなみに，上記各法律の規定する罰則で最も重いものは，労基法5条（強制労働の禁止）違反で，刑罰としては，1年以上10年以下の懲役または20万円以上300万円以下の罰金（同法117条）と規定されるように，懲役刑と罰金刑を予定しています。しかし，両罰規定によって法人に対して刑罰を科すとしても，罰金刑しか科すことができません。

警察と司法警察員との関係

　警察官は，労働基準監督官のような特別司法警察職員と異なり，（一般）司法警察職員として，その権限を行使しうる犯罪の範囲に制限はありません。筆者が行政職員として稼働していた際に，労働基準監督官を警視庁ないし道府県警察の一部署に吸収して活動すべきだという意見を有する方の話を聞いたことがありますが，このような考えは上記のような理解に基づくものです。

　また，犯罪捜査規範50条から54条では，「特別司法警察職員等との関係」としていくつかの規定をおいていますが，これは，警察官の権限を制限するものではありません。

　そのため，警察官が，労災事故により労働者が死傷したような場合に，労基法違反や安衛法違反の犯罪を捜査することも可能ではあります。しかし，このような場合に，業務上過失致死傷罪（刑法211条）の疑いで捜査を行うことがある以外には，労基法違反等の捜査を行うことは，筆者が見聞きした限りでは，あまり例をみません。

　そのほか，労災保険の不正受給が詐欺罪（刑法246条）にあたる場合も同様に警察が捜査を行いますが，これについては，労働基準監督官の司法警察員としての捜査権限は及びません。

―第2節―
法違反と労災発生の因果関係の必要性

Q

司法処分とされる重大・悪質な法違反は，これにより労災が発生したことが必要とされますか？

A

厳密には不要ですが，実務の運用上は，そのことを前提とする場合が多いものと思われます。ただし，それに限られるものではありません。

? 疑問点

刑法の傷害致死罪（205条）であれば，その成立には傷害だけでなく人が死亡するという結果が必要です。労災について司法処分となる場合，司法処分の対象となる法違反により労災が発生したといえるだけの関係（因果関係）が必要でしょうか。

解　説

労災と法違反の因果関係の要否

　筆者の知る限りでは，労基法や安衛法の違反が成立しそれが犯罪となる場合において，なんらかの結果，つまり労災の発生を必要とするものはありません（なお，労働者災害死傷病報告は，労災の発生は必要ですが，法違反の結果として必要というものではありません）。

　これは，労基法や安衛法の性質が，事業主に対してなんらかの措置（行為）を求めるという形式で義務を規定する条文の作りとなっており，それを怠った場合に法違反ないし犯罪が成立するものとしていることによるものと思われます。

　犯罪は，一般に違法な行為があれば成立しますが，それにより結果が発生すること（行為と結果の間に因果関係が存在すること）で重い犯罪が成立する場合があります。例えば，暴行罪（刑法208条）は暴行という行為（殴る，蹴るといった行為や，身体に当たらずとも足元に石を投げつける行為等）だけで成立しますが，これにより傷害やさらには死の結果が生じれば傷害罪（刑法204条），傷害致死罪（刑法205条）という重い犯罪が成立することとなります。

　しかし，安衛法においては，例えば，同法20条ないし25条の2は，事業主に対して「必要な措置」を講ずることを義務付けていますので，その措置を怠っただけで法違反は成立しますし，刑事罰が科される犯罪も成立することとなります。労災である傷病等の発生を必要とするものではありません。

　そのため，労働基準監督官は，労災が発生していなくとも，法違反を理由に司法処分とすることは可能ではあります。

実務上の考え方

　もっとも，先にも述べたように，労働行政は，処罰を求めることではなく，法違反の是正を求めることで労働条件を確保することを優先としています。

　そのため，例えば，建設現場において足場に手すりがない場合，そこで労働者が作業をすれば墜落・転落して死傷する危険性があるといえます。しかし，労災が発生していない段階で，手すりを設置していないことによる法違反（安衛法21条2項，労働安全衛生規則519条1項）を犯罪事実として司法処分とすることはしていません。

　仮に司法処分としてしまえば，その後，事業主により手すりが設けられたことは，量刑の重さを検討するための情状事実にすぎず，犯罪の成立には影響しないこととなります。

　しかし，労働行政においては，是正の事実について，裁判において量刑事情としてこれを反映すればよいという考え方をとっていません。当該箇所の立入りを禁止し（行政処分・使用停止命令等），手すりをつけて違法状態が解消されるよう是正を求め（行政指導・是正勧告），その結果，法違反が是正されるとともに，それが繰り返されないことを確認し，安全な状態が維持されることを確保することの方が優先されるという考えを有しています。

　このことを裏返せば，労災が発生し，法違反が認められ，それによりそのような結果が生じた（因果関係がある）といいうる場合には，これについて法違反の是正を求められることは当然として，重大・悪質な法違反として司法処分とせざるをえないという判断となります。

　しかしながら，労災という結果が生じなければ法違反とならず犯罪が成立しないというものではありませんので，この点について注意が必要です。つまり，労災が発生したという結果に伴い司法処分となる場合が多いからといって，それにより労災が発生したことが必要となるものではありません。

　そのため，事業主が，労働基準監督官による取調べにおいて，「そのような措置を講じたとしても結果は発生したはずだ」と弁解したところで，犯罪の成立が妨げられ，司法処分が中止されることにはなりません。

　例えば，2022（令和4）年11月21日付け労働新聞には，一般貨物自動車運送業者について，法定の安全委員会を月1回以上開催していなかったとして，司法処分（書類送検）されています（安衛法120条，17条）。ただ，記事を見る限りでは，倉庫内の作業で，コンテナを運搬する作業をしていた労働者が，倒壊したコンテナの下敷きとなり重傷を負う労災が発生していたようです。また，その作業方法や設備に法令上の問題も認められなかったようです。

　そのため，上記事件において，安全委員会を開催していれば，その労災が発生しなかったといいうるだけの因果関係があるとは認め難いところではありますが，そのことは同委員会不開催の法違反ないし犯罪の成立には影響しません。

労災の結果とは無関係な場合

　ここまでは，労災が発生したことを前提としてきましたが，労災が発生しなくとも司法処分となる場合はありえます。

　労災隠しの場合は既に労災が発生していますのでこれは別にしても，事業主が，労働基準監督官に対し虚偽の報告（労基法120条5号，104条の2，安衛法120条5号，100条3項）を行った場合には司法処分とされる可能性が高いといえます。

　なぜなら，虚偽の報告がなされ，そのことが発覚した場合には，それについて是正を求めるような段階にはなく，また行政に対する虚偽の報告行為という意味でも重大性は否定されないからです。

　さらに，労働衛生に関する法違反については，法違反の時点ではなく，遅発性の疾病として労災が発生することからすれば（例えば，石

綿による疾病等が挙げられます），それが常態化するような場合には厳しい処分が行われてもおかしくありません。例えば，局所排気装置の設置がされていたとしても，適切に稼働しているかを確認するための定期的な検査を怠り，それが常態化するような場合です。

　最近では，労基法36条の時間外労働時間等の上限規制違反を理由として司法処分とされた記事を見かけることが多いのも，社会経済情勢および国民意識の変化，それに伴う法改正の結果ではありますが，上記のような労働衛生としての理解も妥当するはずです。

捜査の端緒

疑問点

　労災が発生したとき，労働基準監督署から各種調査等を受けることとなりますが，どこからが司法処分としての捜査となるのでしょうか。

解　説

捜査の端緒

　労働基準監督官ではなく，一般の警察官に目を向けると，警察官職務執行法1条は「この法律は，警察官が警察法（昭和29年法律第162号）に規定する個人の生命，身体及び財産の保護，犯罪の予防，公安の維持並びに他の法令の執行等の職権職務を忠実に遂行するために，必要な手段を定めることを目的とする。」と規定しています。

　そして，犯罪捜査規範59条は「警察官は，新聞紙その他の出版物の記事，インターネットを利用して提供される情報，匿名の申告，風説その他広く社会の事象に注意するとともに，警ら，職務質問等の励行により，進んで捜査の端緒を得ることに努めなければならない。」と規定し，さらに刑訴法189条2項が「司法警察職員は，犯罪があると思料するときは，犯人及び証拠を捜査するものとする。」と規定しています。

　これらの規定からすれば，警察官の職務の目的は，犯罪の予防が先にあり，捜査着手のきっかけとなる「捜査の端緒」があれば，「犯罪があると思料するとき」として司法警察職員としての職務（捜査）を行うことと理解されます。

　そのため，労働基準監督官であっても，捜査に着手するには，そのきっかけとしての「捜査の端緒」を得た上で行うものと理解されます。その点で，本書における労災事故は，そのための「捜査の端緒」とも位置付けることができます。

労働基準監督官の場合

　労働基準監督官が司法警察員としての職務を行うことについては，労基法や安衛法が規定しています。

　他方で，行政活動として，例えば，安衛法91条1項がその権限として事業場に立ち入り関係者に質問すること等ができるとしていますが，同条4項が「第1項の規定による立入検査の権限は，犯罪捜査のために認められたものと解釈してはならない。」と規定しています。

　これにより，法令上は，調査等の行政活動と，犯罪捜査としての司法警察員としての活動が区別されています。

　そのため，労災が発生した場合，行政活動としての災害調査や災害時監督（臨検監督）が先行して実施され，その際，重大・悪質な法違反の事実が明らかとなれば，これを端緒として捜査が開始されること

となります。

　もちろん，労働基準監督署内で，上記調査等の結果について，どのような法条の違反に該当するといえるかの検討や，実際に司法処分とすべきかどうかについて検討が行われた上で捜査に着手するかどうかが決められます。

　また，調査時に確認された事実関係やそれに基づいて作成された資料が，行政活動の結果として作成される調査報告書とされるだけでなく，司法処分における証拠としても用いられることがあります。

　例えば，労災が発生した際，災害調査として労災の発生した現場の位置関係を計測して記録し，その状況を写真で撮影することはよく行われますが，それが行政活動としての調査報告資料として取りまとめられるだけでなく，司法処分に用いる実況見分調書として作成されることにもなります。

　そのため，労災が発生したことを端緒として行われる労働基準監督官の行為について，どこまでが行政活動でどこからが司法警察員としての職務であるかは，はっきりと区別されるものではありません。

　反対に，捜査に着手しながらも捜査を中止することもありますが，その場合であっても，行政活動である是正勧告等の行政指導を継続することはあります。

▌筆者の経験談

　筆者が担当した事件では，フォークリフトの無資格者に運転させたことから労災が発生したというものがありました。

　そのため，災害調査兼実況見分を行ったのち，講習機関に照会を行ったところ，フォークリフトの運転者が資格を有していたことが明らかとなり，一旦着手した捜査を中止した経験があります。

　このときに作成された図面は，司法処分における証拠としての実況見分調書として用いられることはありませんでしたが，災害調査の結

果は復命書にまとめられ，その一部として使われました。加えて，司法処分をしないことが行政としての監督等に基づく指導を行わない理由にはなりませんし，労災事故の再発防止のために，これを行う必要性は否定されません。

上記を踏まえた対応の難しさ

　以上のことからすれば，警察官であっても労働基準監督官であっても，行政警察としての職務と犯罪捜査としての司法警察職員としての職務は概念としては区別されながらも，事実上は連続して行われるため，例えば，取調べや強制処分のように，労働基準監督官の行為が明確に捜査だとわかる場合でなければ，これを区別することは難しいといえます。

　このことは，犯罪行為が偶発的に生じて発覚することが多いことからすれば，警察官においてはやむを得ないところもありますが，労働基準監督官の場合は，次のような問題を孕むこととなります。

　つまり，労基法104条の2第2項の「労働基準監督官は，この法律を施行するため必要があると認めるときは，使用者又は労働者に対し，必要な事項を報告させ，又は出頭を命ずることができる。」との規定は，事実上，犯罪事実の報告を求めることもでき，これを拒めばそれ自体が犯罪となりますが，このことは，司法手続において，いわゆる黙秘権（憲法38条1項，刑訴法198条2項等）が保障されていることとも矛盾するように思われます（労災の場面ではあまり生じないかもしれませんが，賃金不払における不払額や法定労働時間の違反事実についての報告を求められれば，直接的に犯罪事実の申告を求められているともいえます）。

　しかしながら，警察官が行政警察活動として行った職務質問に付随する所持品検査については，昭和53年6月20日最高裁判決は，それが許容される限度があることは認めながらも，具体的状況のもとで相当

と認められる限度であれば，そこで見つけた物について，逮捕・捜索差押を経て，その後の捜査における証拠として取り扱うことを違法とはしていません。

　また，平成16年4月13日最高裁判決は，医師が，自己の業務上過失致死等の罪責を問われる恐れがある場合にも，医師法21条の（異常死体に関する）届出義務を負うことについては，医師免許に付随する合理的根拠のある負担として許容されると述べています。

　このような最高裁判決の判断からすれば，労働基準監督官が，事業主に対し，法違反の事実を前提に報告を求めることも，捜査による取調べを潜脱して自白を得ようとする意図が明確であるような場合でなければ，行政活動として許容されることになると思われます。

　事業主として，求められる報告事項について，これが法違反ではないとの認識を有するのであれば，その旨を報告すればよいとは思いますが，実務的にはなかなか難しい問題を孕む場合が多いものとも思われます。

任意処分と強制処分

> **Q**
> 捜査としてどのようなことが行われますか？
> ―――――――――――――――――――――――――――――――――
> **A**
> 証拠の収集を目的として，実況見分や証拠品の押収等が行われます。

？ 疑問点

　行政活動としての調査等と司法警察員としての職務の区別が困難な部分があるとしても，捜査として，どのようなことが行われるのでしょうか。

解　説

▍捜　査

　捜査とは，一般的に，証拠の収集と被疑者（容疑者）の身柄の確保を目的とした司法警察員としての活動と理解されています。その理由は，刑事事件において，犯罪事実の認定については，証拠により行われる（判断される）ものとされているからです（刑訴法317条）。

　被疑者の身柄の確保については，逮捕・勾留（刑訴法199条以下）によることとなりますが，証拠の収集については，大きく分けて，物の収集と事物の調査・記録に分けられます。そして，証拠の収集に含まれることではありますが，被疑者の取調べや，参考人からの事情聴取等も行われます。

捜索・差押え

　そのため，何はともあれ，証拠物を押収する手続が行われます。

　具体的には捜索を行い，証拠物を差押え，押収するという手続となりますが（刑訴法218条ないし220条），労災が発生した場合には，犯人（被疑者）が行方不明で事件か事故かも直ちに明らかとならない一般的な刑事事件とは異なり，実際には，事業主から証拠物について任意で提出を受けて（刑訴法221条・領置），押収する場合がほとんどです。

　このとき，捜索・差押えないし領置した経過を記録した調書が作成され，押収した物品については，1つひとつ標目と数量が記録され，提出した者に対して，それらが記載された押収品目録交付書が交付されます。

　押収された物については，捜査または刑事裁判（公判）に必要がなくなった段階で返還（還付）されます。返還が不要な場合は，所有権を放棄して，還付を受けずに廃棄してもらうこともあります。

検証・実況見分

　もっとも，労災事故に伴い司法処分として捜査を行う場合，強制処分としての捜索・差押えを行う場合は別ですが，多数の証拠物を押収することはあまり想定されません。

　理由は，現場の状況やそこにある設備や機械等の状態を記録（測定

や撮影）して証拠として保全することがほとんどだからです。このような手続を，検証または実況見分といいます（刑訴法218条ないし220条）。

　例えば，フォークリフトを無資格者が運転して事故が起き，労働者が負傷したような場合，フォークリフト自体は犯罪を構成するものの1つですが，不可能ではないとしても，これを押収して保管することは現実的ではありません。また，足場に手すりが設けられていなかったとしても同様です。押収することそれ自体が不可能です。

　足場を解体して監督署まで持ち帰ろうものなら，当時，手すりがあったかどうか，それを組み立て直したところで判明せず，証拠の保全という目的と矛盾してしまいます（ちなみに，拳銃マニアの検察官が，殺人（未遂）事件で押収された拳銃について，興味本位で分解し，それを組み立て直し，何事もなかったように証拠品として保管していたことがあったという話を聞いたことがあります。もし分解したことにより，弾丸が発射できなくなり，公判廷の証拠の取調べの結果，殺傷能力が否定された場合，「殺人（未遂）」罪の成立は困難と思われますがこれと同じことです）。

　そのため，その状況について写真を撮影し，電柱等の土地に固定された物の位置から，労災事故が発生した地点等までの距離を測定して，検証調書ないし実況見分調書を作成して，現場の状況，設備や機械等の状態を保全することとなります。

行政活動との比較

　安衛法91条は，労働基準監督官の権限として，犯罪捜査のために認められたものと解釈してはならないと規定しながらも（同4項），「この法律を施行するため必要があると認めるときは，事業場に立ち入り，関係者に質問し，帳簿，書類その他の物件を検査し，若しくは作業環境測定を行い，又は検査に必要な限度において無償で製品，原材料若

しくは器具を収去することができる。」（同1項）と規定しています。

　そのため，司法警察員として証拠の収集を目的とした捜査と同じことを，行政活動としての調査等によって行うことができるものです。客観的に見て，捜査なのか行政活動なのか区別のつきにくさはここにあります。

　仮に，労働基準監督官が，行政活動として，事業場への立入り等を求めながらこれを拒まれたときは，強制的にこれを行うことはできませんが，これを拒んだ事業主等の行為は，別に犯罪を構成することとなります（安衛法120条4号，同法91条1項）。

　筆者としては，実際に臨検監督に赴きながら，事業主から怒鳴られてその立入を拒まれ，事業場での監督を断念したことがあります。その後，別途連絡したところ，事業主は，顧問の社会保険労務士と一緒に臨検監督に応じてくれた記憶があります。

　他にも，2005（平成17）年頃，石綿工場の周辺住民に生じた石綿による被害が明らかとなったクボタショックという社会的に注目される事態が生じましたが，その際，労働基準監督官が株式会社クボタの工場に対する臨検監督を実施する様子がテレビで放映されたことがありました。

　しかし，株式会社クボタから，なんらかの理由で立入りを拒まれたのだと推察しますが，その場から立ち去る労働基準監督官の姿が映されていた記憶があります。これをテレビで見ていた厚生労働省労災補償部補償課の職員は強行的に立ち入らないことを不思議そうにしていましたが，これは上述した理由からです。行政活動により，強制的に立ち入るだけの権限まではないのです。

強制捜査（強制処分）

> **Q**
> 　行政活動を拒むと犯罪になるようですが，捜査を拒むことはできますか？
>
> **A**
> 　任意処分については応じる義務はありませんが，強制処分については，これを拒んだとしても，事業主の意思にかかわらず強制的に行われます。

? 疑問点

　行政活動としての事業場への立入りを拒めば犯罪が成立するとしても，これを拒否する限りは，労働基準監督官が事業場へ立ち入ることができないように思われます。

解　説

▎強制処分

　刑訴法が予定する捜査については，任意処分と呼ばれるもの（刑訴

法197条1項本文・取調）と強制処分（同条1項ただし書・強制の処分）
があります。

　前者は，被処分者の意思に反しない限りで行いうるもので，遺留品
や証拠物の任意提出を受ける行為（刑訴法221条・領置）や，任意に
現場の状況を計測して写真撮影を行う実況見分や，逮捕・勾留がなさ
れていない状況での被疑者に対する取調べ（刑訴法198条1項ただし
書）などがあります。

　後者は，裁判官の発する令状に基づき行われる捜索・差押えおよび
検証等がこれにあたり，これについては強制的に行われるため拒むこ
とはできません（刑訴法218条）。また，逮捕およびその後に引続き行
われる勾留も強制処分にあたります（刑訴法199条以下）。

労災が発生した場合

　死亡災害のような重大事故の場合，事業主は，警察や消防に通報し，
それらの調査を受けていることもあって，労働基準監督官の行う調査
等に対して，これを拒むことはあまり考えられず，筆者も経験したこ
とはありません。

　そのため，災害発生現場等の調査結果については，その後，実況見
分調書の作成にも用いられることがあり，任意処分としての捜査も同
時並行で行われている場合が多くあります。

　また，災害調査とは別に捜査に着手した場合，基本的には，事業主
の承諾を得て実況見分を行い，現場の状況を保存することとなり，こ
れについても任意で応じてもらえる場合がほとんどですが，実況見分
の場合，開始時刻と終了時刻を記録し，開始時に，事業主から明示的
な承諾を得て行うことがほとんどです。

　筆者が労働基準監督官だった頃，先輩である捜査主任と一緒に現場
に行った際，先輩に対し，令状が必要ないかを尋ねたところ，「さっき，
『現場見させてもらいますね。』と言ったら『どうぞ』って言っていた

やろ」と言われ，承諾を得て任意で行うことの説明を受けたことがあります。

　仮にこれを拒まれたときは，裁判官に対して，令状の発布を求め，それに基づき検証が行われることとなります。この場合には，検証の実施を拒むことはできず強制的に行われることとなります。

　なお，実況見分も検証も現場の位置関係等を計測しその状態について写真撮影をしたりして現場の状況を保存する捜査をいいますが，任意処分として行われる場合を実況見分と呼び，強制処分として令状の発布を得て行われる場合を検証と呼びます。

実況見分の位置付け

　労災隠しが発覚した場合の捜査でも，労災が発生した事実について証拠を集める必要があるため，基本的には実況見分を行います。しかし，労災の原因として法違反が存在した場合には，その事実の立証を主眼として実況見分を行うことになるため，それにより作成される実況見分調書やそれに添付される写真が，証拠として重要となります。

　筆者が実況見分を経験した時は，捜査主任が，距離を計測する箇所等の指示を出して2名ほどで測定し，比較的若手の職員がその数値を記録して，後日，実況見分調書に添付する図面の作成を任されることが多かったように記憶しています。実際に筆者も作成したことがあります。

　図面と写真が出来上がれば，後は，関係者から事情を聴取し，必要な場合には各機関へ照会を行うなどしますが，これらは同時並行で行われます。そして，事業場の代表者や実行行為者から取調べを行う際には，図面や写真の提示をして，それに基づく説明を求め，法違反の認識などを聞き取ることとなります。

捜索・差押え

> **Q**
>
> 捜索・差押えではどのようなことが行われますか？
>
> **A**
>
> ありとあらゆる資料を捜索され，捜査に無関係と思われるもの以外はすべて押収されてしまいます。

? 疑問点

警察が家宅捜索に入る様子について，段ボール箱を抱えた職員が出入りする様子をテレビ等で目にすることがよくありますが，具体的には何が行われているのでしょうか。

解　説

捜索・差押え

捜索・差押えは，証拠物を処分されてしまうことを防止するため，証拠物の収集を目的に現場を捜索して，これを押収する手続です。

これについては強制的に行われますので，最初に裁判官から発布を

受けた令状を提示して捜査を開始することとなります（刑訴法222条，110条）。

　この際，捜索場所への出入りを禁止し（刑訴法112条），責任者に立会いを求め（刑訴法114条），場合によっては鍵を外してその中を捜索することもできます（刑訴法111条）。

捜索・差押えまでの準備等

　捜査のための人員が1つの署で足りない場合には，他署からも応援の人員を募り，その中から，捜査主任を含め，各担当者を決めます。例えば，令状を提示する担当，写真撮影を行う担当，出入り口の管理等を行う担当等です。

　また，錠を外す必要がある場合に備え市内の鍵屋の連絡先を確認し，事業主が不在で立ち会えない場合に備え，近隣の消防署にその場合の立会いの依頼をしたりします。

　そのような準備のもと，捜索・差押えが実施されます。

捜索・差押えの実施の状況

　とにかく，捜索場所内で証拠物を捜索して押収する手続を繰り返します。

　労災隠しの事案や，虚偽報告の場合には，それらを裏付けるための証拠を押収するために，捜索場所内の資料を隅々まで「ひっくり返す」かのように捜索します。なお，違法薬物のような法禁物を隠し持っているような場合に警察が行う捜索・差押えの激しさは，この場合の比ではないと聞いたことがあります。

　そして，捜査を受ける事業主からすれば「何でそんなところまで」「何でそんなものまで」と思われるような場合があると思われますが，捜査を行う側からすれば，証拠物を押収する基準は，その事件に「無関

係であることが明らかなもの以外」は押収するということが基本的な考え方とされています。法律上，そのような考え方が適法かどうかは別にして，その結果，相当な数の証拠資料が押収され，次々と段ボールが運び出されることとなります。

筆者も，捜索・差押えに参加したことがありますが，事案としては虚偽の報告に係るものでした。このような場合，事前に任意で資料の提出を求めれば，証拠を隠滅される恐れがあるということで，当然ながら是正勧告をすることなく，強制処分を行うこととなりました。

執行の際，事業場の代表者は，最初に令状の呈示を受け，その後，捜査主任の隣に座って立ち合いを求められ，その間は業務を行うことはできませんでした。また，事務所内の資料はそのほとんどがひっくり返され，数多くの資料が押収されるとともに，当然ながら，事業場に訪れた来客も，代表者と話をすることもできず，その場で帰されていました。

過労死等の事案

過労死や時間外労働の上限規制違反が疑われるような事件が増加した頃には，筆者は既に行政を退職していたため，そのような経験はありませんが，現在では，パソコン内のデータについても押収されることが多いものと推察されます。

この場合，その場でデータを取り出そうとすれば，パスワード等を含め操作のわかる労働者等に行わせる必要があり，そうなると，その過程でデータの毀損や修正が行われる可能性も否定できませんし，証拠の保全という観点からも問題があります。

そのような場合，恐らく，パソコンやサーバーそれ自体を押収して，後日，担当者に出頭を求めるなどして，その説明を求め，その解析が行われているものと思われます。

　いずれにしましても，事業主や代表者が逮捕される場合もそうですが，事業場において捜索・差押えが実施されれば，事業活動を一時的に停止するなどのそれ相応の不利益を被ることとなります。

　労災が発生したとしても，それを隠すあるいは虚偽の報告を行うような場合でなければ，労働基準監督官によるこのような強制処分に至ることはほとんどないはずです。

　事業主としては，労災が発生した場合には，補償と再発防止に最大限力を注ぐとともに，任意での調査ないし捜査に協力し，くれぐれも，このような事態を招くことのないようにしたいものです。

■捜査（強制・任意）

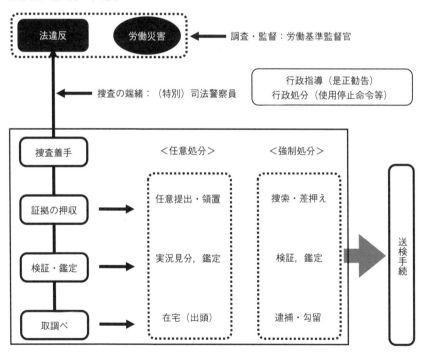

労災と業務上過失致死傷との競合

> **Q**
> 　安衛法違反が成立する場合に，他の犯罪も成立することはありますか？
>
> **A**
> 　業務上過失致死傷罪が成立することが考えられます。

？ 疑問点

　労災が発生したことにより，調査等が行われ，これが「捜査の端緒」となり捜査に着手される場合，労働基準監督官による捜査だけが行われることになるのでしょうか。

解　説

▌業務上過失致死傷（業過）

　前にも説明しましたように，警察官は，司法警察職員としてあらゆる犯罪を捜査することができますので，労災が発生したことにより安衛法違反について捜査することもできますが，そのような例はほとん

どないと思われます。

　警察が捜査するのは，主に，業務上過失致死傷罪（刑法211条・業過）についてですが，この場合，労働基準監督官も，同じ事実を前提に捜査を行うことがあります。

安衛法違反と業過の関係

　前にも説明しましたが，安衛法違反は，これにより労災が発生したことを必要としません。実務上，そのような場合に司法処分とされることが多いという事実上のことです。

　これに対して，業過の場合は，人の死傷の結果が必要ですので，この限りにおいては安衛法違反と業過が犯罪として成立する要件は重複せず，共通のものとはいえません。

　しかしながら，業過における業務上の「過失」については，結果が発生することを予見しながら，結果を回避するための義務を怠ることと解されていますので，この点で，安衛法が事業主に義務付ける各種措置の内容と実質的に重なる場合が多くあります。

　例えば，足場に手すりを設けていない場合には，安衛法は手すりを設けることを義務付けていますし，業過としても，事業主が，労働者に対して，高所の足場の上で作業を行わせる場合に，そこに手すりがなければ労働者が墜落・転落して死傷することが予見でき，それを回避するために手すりを設ける義務を負っているといえそうです。その場合，義務の内容は重なることとなります。

警察と労働基準監督官の協力関係

　筆者の拙い経験に限ってのことですが，労働基準監督官と警察が協力するなどして事件を捜査し検察庁に送致するということは聞いたことがありません。

犯罪捜査規範50条以下には，そのような場合の規定がありますが，業過と安衛法違反については別罪でもありますし，機関としても別機関であるとともに，労働基準監督署が国の機関であり他方で警察が地方自治体の機関であることからも，実況見分調書を融通し合うことは基本的には行われないものと思われます。

なお，筆者が司法修習生だった頃，とある地方検察庁の検察官（検事）が業過と安衛法違反は一緒に送致してほしいと述べていたことを聞いたことがあります。検察庁としては，別々の事件として送致されると手間が倍かかるからということではなく，1つの行為が複数の罪名に該当する場合（刑法54条1項前段・観念的競合）にあたるものとして，同一の（公訴）事実として処理する必要があると考えているからだと思われます。

事業主としての負担

以上のことを事業主の側から見れば，1つの労災について，二重に捜査ないし調査に協力し，その手続上の不利益を負わなければならない場合があるということになります。

そして，労働基準監督官の立件しようとする事件については，構成要件が具体的に規定されていることからすれば，どのようなことが捜査の対象となるかはある程度予想できる反面，弁解の余地は非常に狭いといえます。

逮捕と取調べ

Q
取調べは，どのようにして行われますか？

A
　労働基準監督署に出頭を求められ，任意の捜査として取調べが行われますが，逮捕・勾留された場合には，留置施設に拘束され，拒否できないものとして取調べが行われます。

❓ 疑問点

　一昔前のテレビドラマでは，被疑者が取調べに素直に応じることで，警察官からカツ丼の提供を受け，タバコを吸わせてもらえるような場面が流れることがありましたが，そのようなことが労働基準監督署でも行われるのでしょうか。

🖋 解　説

▌任意の取調べ

　労働基準監督官が行う捜査は，これまで見てきたような捜索・差押

えといった強制処分が頻繁に行われているものではなく，事業主の多くが，任意で捜査に応じる場合がほとんどです（そうでない事件もたまにあります）。

　特に，労災が発生した場合，それを隠し，虚偽の報告をするときは別ですが，ほとんどの事業主は，労災が発生したことに責任を感じ，調査ないし捜査に協力的であることがほとんどです（もしかすると，筆者の数少ない経験がそのようなケースに偏っていただけかもしれませんが）。

　そのようなこともあり，事業主や実行行為者から犯罪事実（被疑事実）について取調べを行うときも，その多くが労働基準監督署へ来署し，取調べのための呼び出しに対して任意で応じることがほとんどです。

逮捕に伴う取調べ

　そうでない場合には，逮捕の上，取調べを行う場合もあります。

　もっとも，労働基準監督署の建物の造りは，警察署と異なり，被逮捕者の身体を拘束するため（逃走を防止するため）の留置施設が常設してあるものではありませんので，逮捕した場合には，警察署の留置施設を借りると聞いたことがあります（ただし，筆者は，逮捕に及んだ経験も見聞きした経験もありません）。

　そして，次のとおり，刑訴法198条１項ただし書の規定から，逮捕された場合の取調べについては，これを拒むことができないものと解されています。

刑訴法第198条　検察官，検察事務官又は司法警察職員は，犯罪の捜査をするについて必要があるときは，被疑者の出頭を求め，これを取り調べることができる。但し，被疑者は，逮捕又は勾留されている場合を除いては，出頭を拒み，又は出頭後，何時でも退去するこ

とができる。

②　前項の取調に際しては，被疑者に対し，あらかじめ，自己の意思
　　に反して供述をする必要がない旨を告げなければならない。

③　被疑者の供述は，これを調書に録取することができる。

④　前項の調書は，これを被疑者に閲覧させ，又は読み聞かせて，誤
　　がないかどうかを問い，被疑者が増減変更の申立をしたときは，そ
　　の供述を調書に記載しなければならない。

⑤　被疑者が，調書に誤のないことを申し立てたときは，これに署名
　　押印することを求めることができる。但し，これを拒絶した場合は，
　　この限りでない。

供述調書の作成

　被疑者として事業主や実行行為者に対する取調べを行う際には，い
わゆる黙秘権を有することが最初に告げられ（刑訴法198条２項），被
疑者の供述した内容が調書（供述調書）に録取されます（同条３項）。

　作成された供述調書について，被疑者は閲覧または読み聞かせられ
て，誤りがなければ署名押印を求められることとなります（同条５項
本文）。

　また，裁判となれば，供述調書の信用性が争われることがあります
ので，取調べに協力したことで，食事の提供がされたりタバコを吸う
ことができたりということは現実的にはありません。テレビドラマの
中だけでのことです。

　なお，上記の刑訴法198条５項ただし書の規定のとおり，供述調書
に署名押印を求められても，これを拒否することは可能です。署名押
印拒否権として，弁護士にとっては常識ですが，このような場面に遭
遇する方のほとんどは，このことを知りません。

被災者等の取調べ

事業主や実行行為者という被疑者以外についても，その認識する事実関係についての供述を求めることや，それに伴う供述調書の作成が予定されています（刑訴法223条）。

実際に被災された労働者や，災害発生時の状況を目撃した同僚に対して，犯罪の立件に必要な範囲で取調べが行われます。

特に，労災隠しの場合には，被災した労働者から治療等についての不安から相談が寄せられ，そこから労災隠しが発覚することもあり，被災した労働者の供述は重要です。

また，労基法36条5項の時間外労働等の上限規制違反であれば，業務に従事させた事実とその時間という作為について立証することになりますが，安衛法違反のほとんどが，措置義務違反という不作為を立証の対象とすることになります。そのため，「ない」ことの証明は究極的には不可能ともいえますが，そうも言ってはいられないため，法定の「措置」がされていなかったという供述を得るために，被災者等の供述を得ることがよくあります。このことは，労災とは無関係ですが，賃金不払（労基法24条）では特に問題となり，労働者から「支払われていません」との供述を得ることが必須となります。

逮捕・勾留と送検手続

Q

逮捕された場合の手続はどのようになりますか?

A

釈放されなければ勾留され拘束される期間が継続することになり，被疑者自身を検察庁に送致することとなります。

? 疑問点

　テレビの報道番組で，逮捕された被疑者を乗せた車が検察庁へ入っていく様子を撮影した映像が流されることがありますが，労災が発生したことを理由に同様のことが起こりうるのでしょうか。

解　説

逮捕と事件送致

　労働基準監督官が被疑者を逮捕すると，原則，48時間以内に，検察庁に送致することとなります。

　送致というのは，逮捕後に留置された警察署から，検察官に証拠お

および関係書類とともに，被疑者を，検察官からの最初の取調べ（弁解録取）を行うために，検察庁へ連れていくことをいいます（刑訴法203条1項）。

　厚生労働行政では，「司法処分」＝「書類送検」のような表現をよく使いますが，これは，逮捕することなく証拠物および関係書類だけを検察庁に送り，事件を送致する場合を指しています。そのため，労働基準監督官が行う検察官への事件送致は，基本的には，逮捕を経ない任意の捜査による書類送検を予定しているものといえます。

送致後の手続（刑訴法205条）

　事件の送致を受けた検察官は，被疑者に対して，弁解の機会を与え，その弁解を記載した供述調書（弁解録取書）を作成します。

　そして，引き続き被疑者を留置する必要がないと判断したときは直ちにこれを釈放することとなりますが，反対に，引き続き留置する必要があると判断したときは，被疑者を受け取った時から24時間以内に裁判官に被疑者の勾留を請求することになります（刑訴法205条）。

　裁判官により勾留が許可されれば，その許可された日を起算日として，原則，10日間勾留されることとなります（刑訴法207条）。

　なんらかの事情で，検察官が釈放を指揮すれば，10日間が経過する前までに釈放されることもありますが，反対に，検察官が，勾留10日目で，さらに勾留が必要と判断すれば，裁判官に対してその延長を請求し，最大10日間の延長が認められる場合があります（刑訴法208条2項）。

　一般的な刑事事件では，この勾留の最終日（満期）に，検察官が起訴するかどうかを判断し，起訴しない場合には，被疑者を釈放することとなります（刑訴法208条1項）。

釈放のタイミング

　以上のことからわかるように，逮捕された場合，検察官に送致され，そこで，一旦釈放されるか，勾留請求が認められ引き続き勾留されるかが決まります。また，裁判官が勾留請求を認めないときもあり，その場合はこのタイミングで釈放される場合もあります。

　しかしながら，全くないとまでは言い切れませんが，労災が発生したことを理由に，労働基準監督官から逮捕されることはまずないと思われます（ただし，事故の態様によっては，例えば，重機の操作を誤り，労働者を轢過したような場合，業過を理由に警察官が逮捕することは十分に想定されます）。

　仮に逮捕されたとしても，捜索・差押えといった強制処分と比較しても，身体が拘束されることによる不利益が大きいことからすれば，さらに勾留までされるとは考え難いところではあります。

　なお，逮捕後に検察官に被疑者を送致せずに釈放するという場合も法令上は規定されていますが(刑訴法203条5項)，筆者が弁護士となってから，一般的な刑事事件でそのような経験をしたことはあまりありません。

報道発表

　労働基準監督署では，事件を検察官に送致したときは，そのほとんどの場合に報道発表を行い，それが新聞記事等となることが多くあります。

　これは，なんらかの根拠法令があり事業者名を公表しているものではなく（例えば，高年齢者等の雇用の安定等に関する法律10条3項等）事実上行っているものです。労働基準監督署として，労災の再発防止や法違反の抑制のためとの考えにより行うものと考えられますが，記事について，自治体から問い合わせがされたことがあったような記憶

があります。

■逮捕・勾留・取調べ

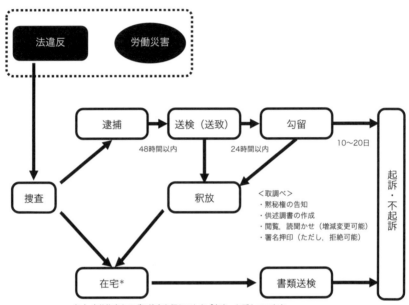

（＊）身体拘束をせずに捜査を行うことを「在宅」と呼んでいます。

検察庁による終局処分と裁判（正式と略式）

Q
事件送致後は，どのような処分がされますか？

A
　検察官が起訴するか不起訴とするかを決めて，起訴する場合は，引き続き刑事裁判が行われる場合がありますが，そのほとんどは略式請求による罰金刑として処理されます。

❓ 疑問点

　列車の脱線事故や原発の事故について刑事裁判が行われることは報道で目にすることがありますが，労災についても，報道されないにしても，刑事裁判となって審理等が行われているのでしょうか。

✍ 解　説

▎検察庁での終局処分

　労働基準監督官から事件送致を受けた検察官は，必要な捜査を行い，その事件についてどのような処分とするかを決めます。この処分のこ

とを「終局処分」と呼び，検察庁内部での決裁を経て決められています。

　ここで，書類送検された事件については，検察官が，被疑者（事業主，実行行為者）を検察庁に呼び出し，取調べを行うことが通常予定されています。場合によっては，参考人に出頭を求めることもありますが，いずれにしても，検察官が被疑者の取調べを行った上で，終局処分に至ります。

　終局処分としては，起訴，不起訴のいずれかです。ただ，書類送検ではなく，逮捕された被疑者の送致を受けたときは，勾留の満期までにこれを行う必要があります。それまでに，その判断が十分にできない場合には，処分保留として被疑者を釈放することもありますが，いずれにしても，その後，起訴か不起訴のいずれとするかについて決定することとなります。

　不起訴となる場合は，3種類あり，起訴猶予，嫌疑不十分，罪とならず，のいずれかです。起訴猶予は，刑訴法248条に根拠があり，一度起訴され有罪判決を受ければ，それ以降，犯罪者として社会生活を送ることを余儀なくされることから，その不利益の大きさを考慮して行うものです。刑事政策的に認められた制度です。

　嫌疑不十分は，要するに，犯罪事実が証拠により十分に明らかにされているとはいえないことを理由として起訴しないことです。罪とならずは，その呼称のとおり，被疑者の行為自体は証拠からも明らかに認められるとしても，その行為が犯罪には当たらないことを理由に，起訴しないことです。

　労働基準監督官の立場からすれば，捜査を行い事件送致を行うことがあまりないとしても，そうする以上は，最低でも起訴猶予とならなければ，仕事として結果が伴っていないとの評価を免れないこととなります。

起訴および正式裁判

　終局処分で起訴を行うこととなった場合，検察官は，起訴状を作成して，これを裁判所に提出して起訴（公訴の提起）を行うこととなります（刑訴法256条）。

　裁判所からは，被疑者に対して，起訴状の謄本が送達されます（刑訴法271条）。これは，どのような事実で公訴が提起されたかを被疑者に対して明らかにするためですが，起訴の時点で，「被疑者」ではなく「被告人」と呼び名が変わります。

　その後，裁判の審理が行われる期日が決まり，その通知を受けて出頭を求められることとなります。そして，審理が終われば判決が言い渡されることとなります。

　なお，逮捕され，勾留された状態で起訴された場合，判決の言渡しがされるまで勾留が続くこととなります。保釈（刑訴法88条以下）により釈放される制度もありますが，ここでは特に触れません。

起訴および略式裁判

　もっとも，労災にかかわらず，労基法や安衛法違反の罪で起訴された場合には，略式手続（略式請求）という形式の裁判が行われ，罰金を納付して終わることがほとんどです。

　略式手続とは，検察官の請求により，簡易裁判所が，公判廷での審理を行うことなく，被告人に対して，100万円以下の罰金刑（または科料）を科すことができる刑事裁判手続をいいます（刑訴法461条以下）。この略式手続での裁判を求めることを，検察官の側からは，略式起訴や略式請求と呼んでいます。

　検察官が略式請求を行う場合，そのことについて，被疑者（被告人）から異議がないことについて確認し，そのことを書面で明らかにする（被疑者から署名押印をもらう）必要があります（刑訴法461条の２）。

検察官は，実務上，この書面のことを「略請（りゃくうけ）」と呼んでいます。

　裁判所は，検察官の提出した証拠書類等から判断して，被告人に対して，罰金刑に処する旨の略式命令を告知し（刑訴法464条），被告人は，検察庁から納入告知を受け，罰金を納付することとなります。

　要するに，略式手続は，被告人にとって争いのない犯罪事実について，裁判所が書類審査し，罰金刑を科すというものです。そのため，一旦略式請求がされ，略式命令が告知されたとしても，その日から14日以内であれば，被告人は，正式な裁判を受けることを請求することができます（刑訴法465条）。

　ただ，事件によっては，裁判所が略式手続ではなく正式裁判で審理すべきものと判断することもあります（刑訴法463条）。新入社員の過労自殺を端緒とした，某大手広告代理店の労基法違反事件は正式裁判で審理されましたが，そのような経緯を経たことによります。

■送検から判決まで

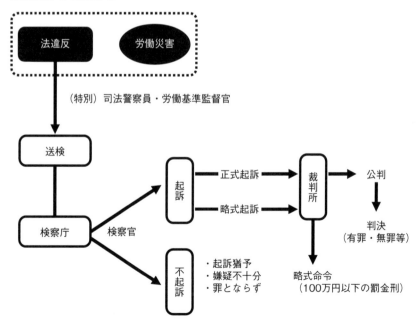

まとめ

Q
　要するに，労災で司法処分とされたときは，捜査に応じれば，その
ほとんどが罰金刑で終わるという理解で間違いないでしょうか？

A
　絶対ではありませんが，概ね，そう理解されてよいかと思います。

? 疑問点

　以上では，労災が発生した場合の刑事司法手続について，強制処分
や逮捕勾留といった場合についても説明されましたが，多くのケース
ではどのようになると理解すればよいのでしょうか。

解　説

▌手続の概要

　以上までを最大公約数的にまとめると，労災が発生し，そのことを
労働基準監督署が覚知すれば，行政活動としての調査や臨検監督が行
われます。そこで法違反が確認され，それが悪質・重大と判断されれ

ば，これを捜査の端緒に司法処分を行うこととなります。

　そして，改めて，現場の状況を保全するために，実況見分が行われる場合もあればそうでない場合もありますが，被災者等の参考人から取調べが行われ，最後に事業主，実行行為者についても取調べが行われることとなります。

　捜査が完了すれば，労働基準監督官から，（主に署長名で）証拠等を含む捜査書類が検察官（検察庁の検事正あて）に送致されます（書類送検）。

　その後，事業主等に対して検察庁から呼出しがあり，検事から取調べを受け，起訴または不起訴となるかが決まります。

　起訴となった場合には，その後，裁判所から罰金刑に処する旨の略式命令の告知を受け，検察庁に罰金を納付して，一連の刑事手続が終了することとなります。

労災と労働契約

　労基法には，かつて安全及び衛生（第5章）についての規定があり
ましたが，これについては42条の規定を残して削除され，安衛法の制
定により，これを規制することとなりました。

　しかし，労基法には，労災に関わる規定として，災害補償（第8章・
75条以下）の規定が存在するだけでなく，その防止のための危険有害
業務についての就業制限として，年少者（第6章・56条以下）および
妊産婦等（第6章の2・64条の2以下）の規定があります。そして，
これ以外に，労災を理由とする労働契約の効力に関わるものとして，
解雇制限に関する規定が存在します。

　そのため，本章では，それほど多いものではありませんが，解雇制
限として，労災が労働契約の効力に及ぼす効果等について説明します。

解雇制限

> **Q**
> 労災を理由に労働契約について何か制限されることはありますか?
>
> **A**
> 解雇が制限される場合があります。

疑問点

　労災について,事業主は,被災した労働者との関係では,補償ないし賠償義務がその果たすべき義務の中心であるといえますが,それ以外に何らかの制限が課されるのでしょうか。

解　説

法令の規定

　労基法19条 1 項は「使用者は,労働者が業務上負傷し,又は疾病にかかり療養のために休業する期間及びその後30日間並びに産前産後の女性が第65条の規定によって休業する期間及びその後30日間は,解雇してはならない。ただし,使用者が,第81条の規定によって打切補償

を支払う場合又は天災事変その他やむを得ない事由のために事業の継続が不可能となった場合においては，この限りでない。」と規定しています。

　この規定の趣旨について，平成29年5月17日東京高裁判決は「労働者が業務上の疾病によって労務を提供できないときは，自己の責めに帰すべき事由による債務不履行であるとはいえないことから，使用者が打切補償（労働基準法81条）を支払う場合，又は天災事変その他やむを得ない事由のために事業の継続が不可能となった場合でない限り，労働者が労働災害補償としての療養（労働基準法75条，76条）のための休業を安心して行えるよう配慮したところにある。」と述べています。

　そもそも労働契約は，労働者としては労務を提供することをその債務の内容とすることから，理由は別にして，労務を提供しないことは債務不履行となり，これを理由に解雇することの合理性は否定し難いものといえます。

　もっとも，労災による傷病等が生じた責任を労働者に負わせることは相当ではなく，その療養のために休業することによる債務不履行を理由に解雇することは，やはり，相当とはいえません。労基法19条1項本文は，そのような理解から，この場合の解雇を制限したものです。

労災と休職との関係

Q

就業規則の休職規定により，自然退職となる場合も労基法19条の適用はありますか？

A

休職は，私傷病を前提とするため，労基法19条は直接的には関係ありませんが，業務上の傷病等について休職制度を設け自然退職とするのであれば，同条により無効になると思われます。

？ 疑問点

解雇については，労働契約法（労契法）16条が無効となる場合を規定していますが，休職制度を定めた場合，休職期間満了により，解雇ではなく自然退職により労働契約が終了する旨の規定を置くことがあります。

自然退職について，労基法19条1項本文により制限されないものでしょうか。

解　説

休職制度の趣旨

　一般的に定められている休職制度の趣旨は，解雇を猶予する点にあります。令和3年12月23日横浜地裁判決も，休職について次のように述べています。

　「被告会社の従業員就業規則に定める私傷病休職及び自然退職の制度は，業務外の傷病によって長期の療養を要するときは休職を命じ，休職中に休職の理由が消滅した者は復職させるが，これが消滅しないまま休職期間が満了した者は自然退職とするというものであるから，私傷病による休職命令は，解雇の猶予が目的であり，復職の要件とされている『休職の理由が消滅した』とは，原告と被告会社との労働契約における債務の本旨に従った履行の提供がある場合をいい，原則として，従前の職務を通常の程度に行える健康状態になった場合をいうものと解するのが相当である。」

　つまり，休職制度は，「私傷病」により労務の提供が行えないことによる債務不履行について，それを理由に解雇することの合理性が否定されないとしても，直ちに解雇することなくそれを猶予し，療養に専念させる制度といえます。

　そのため，業務上の傷病を前提とした労基法19条1項本文については，その適用の前提を欠くため，当該傷病が「私傷病」ではなく業務上のものであると判断されたときは，休職命令自体の効力が否定されることになり，休職期間満了による自然退職も無効となります。

　なお，裁判例を見ていると，当事者の主張について「傷病は業務上のものであり，休職期間満了による自然退職は，労働基準法19条1項ないしその類推適用により無効である」と整理されているものをたま

に見かけますが，上記のとおり，主張ないしその整理として正確では
ありません。

　また，業務上の傷病による休業について休職制度を定めることは可
能ではありますが，この場合，解雇ではなく自然退職として規定した
としても，労基法19条1項の趣旨に反する内容であれば，当然，規定
それ自体が無効といえます。

労災の症状固定後の解雇

Q

　症状固定となったのちであれば，労基法19条1項の解雇制限を受けずに解雇することができますか？

A

　同条項の制限は受けませんが，労契法16条により無効となる場合があることは否定されません。

? 疑問点

　就業規則の多くに，解雇事由として，「精神または身体の障害により業務に耐えられないと認められる場合」が挙げられることがあります。業務上の傷病で休業し，症状固定となった場合に，この解雇事由該当性の判断について，通常とは異なる配慮を要するのでしょうか。

解　説

法令の規定

　労基法19条1項は，業務上の傷病等で休業する期間およびその後30

日間における解雇を制限するものであり，解雇の手続を規制するものともいえます。

　そのため，上記期間経過後の解雇であれば，解雇としての手続上の制限を受けませんが，実体としての違法性を理由に解雇の効力を否定する労契法16条の適用は別に検討する必要があります。

私傷病休職の場合との異同

　休職期間満了に伴う解雇ないし自然退職について，その効力を争うには，①休職期間満了時に休職事由が消滅していたか，②休職事由が存在していたとして，解雇ないし自然退職が権利の濫用として無効とならないか（労契法16条，３条５項）という２つの段階で問題となります。

労働契約法

第３条（労働契約の原則）

5　労働者及び使用者は，労働契約に基づく権利の行使に当たっては，それを濫用することがあってはならない。

第16条（解雇）

　解雇は，客観的に合理的な理由を欠き，社会通念上相当であると認められない場合は，その権利を濫用したものとして，無効とする。

　しかし，そのほとんどは，①の場面における精神ないし身体の状態と，その状態で従事できる業務の内容とその態様等により判断されますし，次の平成10年４月９日最高裁判決（片山組事件）の判示からすれば，②についても，実質的に①に含めて考慮されているものといえます。

　「労働者が職種や業務内容を特定せずに労働契約を締結した場合に

おいては，現に就業を命じられた特定の業務について労務の提供が十全にはできないとしても，その能力，経験，地位，当該企業の規模，業種，当該企業における労働者の配置・異動の実情及び難易等に照らして当該労働者が配置される現実的可能性があると認められる他の業務について労務の提供をすることができ，かつ，その提供を申し出ているならば，なお債務の本旨に従った履行の提供があると解するのが相当である。そのように解さないと，同一の企業における同様の労働契約を締結した労働者の提供し得る労務の範囲に同様の身体的原因による制約が生じた場合に，その能力，経験，地位等にかかわりなく，現に就業を命じられている業務によって，労務の提供が債務の本旨に従ったものになるか否か，また，その結果，賃金請求権を取得するか否かが左右されることになり，不合理である。」

　これに対し，業務上の傷病が症状固定となった場合，その傷病についてそれ以上の治療の効果が期待できず，労災保険からも休業補償給付の支給を受けられなくなります。後遺障害が存在すれば，その点は，障害補償給付として補償を受けられるとしても，療養を理由に休業することにはなりません。

　そして，その状態で業務に耐えられない場合には，債務の本旨に従った労務（履行）の提供ができず，債務不履行として解雇事由にあたりうるかが検討されることになります。これはまさに，労契法16条が適用され「客観的に合理的な理由」があるといえるかの問題となります。

　そのため，私傷病による休職に伴う解雇ないし自然退職の効力が争われる場面では「休職事由が消滅したかどうか」が問題となるのに対して，労災の症状固定後に業務に復帰しうるかという場面では，「精神または身体の障害により業務に耐えられないと認められる場合」などの就業規則の解雇事由に該当するかが問題となるという点で，根拠規定が異なるといえます。

　もっとも，いずれの場合であっても，精神ないし身体の状態と，その状態で従事できる業務の内容とその態様等が判断対象となることお

および労働契約の終了という効果が争われるという点では同様の問題状況にあると理解することができます。

　そうであれば，業務上の傷病により休業する期間およびその後30日間の経過後の解雇についても，このことを理由に解雇する場合には，休職事由が消滅したと認められるかを判断する場合と同様のことを考慮すべきという判断に至ることが自然ですし，裁判例もそのように判断するものと思われます。

▌裁判例

　例えば，令和2年4月15日札幌高裁判決（東京キタイチ事件）は，業務中に小指を切断するという業務上の負傷により休業していたところ，これについて症状固定後に普通解雇され，その効力が争われたものです。

　裁判所は，就業規則の解雇事由である「精神又は身体の障害により業務に耐えられないと認められたとき」にあたるといえるかについてこれを否定しましたが，事業主の主張に対して「本件解雇の時点において，控訴人（注：労働者）が被控訴人（注：事業主）との雇用契約の本旨に従った労務を提供することが可能であったとは認められないとしても，慣らし勤務を経ることにより債務の本旨に従った労務の提供を行うことが可能であったと考えられるし，本件事故が被控訴人の業務に起因して発生したことを前提として控訴人が労災給付を受給していたことも踏まえると，かかる慣らし勤務が必要であることを理由として，控訴人に解雇事由があると認めることは相当でない。」と述べています。このことは，症状固定時に，負傷する前と同じ業務に従事できなければ債務の本旨に従った履行の提供がないとは考えていないものと理解することができます。

打切補償による解雇

Q
症状固定せず休業が継続する場合に解雇することはできませんか？

A
労基法81条の打切補償を支払って解雇しうる場合があります。

？ 疑問点

　自動車事故のような場合には，損害の賠償を行えば，被害者と加害者の権利法律関係は一応、消滅することになります。それに対して，雇用関係による業務上の負傷であることを理由に，相当な期間労務の提供を受けることが期待しえない場合であっても，その契約関係を存続しなければならないのでしょうか。

解　説

▌法令の規定

　労基法19条１項ただし書は「ただし，使用者が，第81条の規定によって打切補償を支払う場合又は天災事変その他やむを得ない事由のため

に事業の継続が不可能となった場合においては，この限りでない。」
と規定しています。

　そして，労基法81条は「第75条の規定によって補償を受ける労働者
が，療養開始後３年を経過しても負傷又は疾病がなおらない場合にお
いては，使用者は，平均賃金の1200日分の打切補償を行い，その後は
この法律の規定による補償を行わなくてもよい。」と規定し，これに
より，同法19条１項本文による解雇制限を受けずに解雇できることと
なります。

　もっとも，労災保険により労働者が療養補償給付を受ける場合，事
業主が，労基法75条の規定により療養補償を行うことは基本的にはあ
りません。そうすると，この場合「第75条の規定によって補償を受け
る労働者」とはいえず，打切補償を支払うことにより同法19条１項本
文の解雇制限の適用が除外されることはなく，同法81条が死文化して
しまわないでしょうか。

最高裁判例

　平成27年６月８日最高裁判決は，打切補償として平均賃金の1,200
日分相当額の支払いを受けた上でされた解雇の効力を判断するにあた
り「労災保険法12条の８第１項１号の療養補償給付を受ける労働者は，
解雇制限に関する労働基準法19条１項の適用に関しては，同項ただし
書が打切補償の根拠規定として掲げる同法81条にいう同法75条の規定
によって補償を受ける労働者に含まれるものとみるのが相当である。」
と述べて「労災保険法12条の８第１項１号の療養補償給付を受ける労
働者が，療養開始後３年を経過しても疾病等が治らない場合には，労
働基準法75条による療養補償を受ける労働者が上記の状況にある場合
と同様に，使用者は，当該労働者につき，同法81条の規定による打切
補償の支払をすることにより，解雇制限の除外事由を定める同法19条
１項ただし書の適用を受けることができるものと解するのが相当であ

る。」と判断しました。

　これにより，打切補償を支払えば，労災保険により療養補償給付を受けて休業する労働者について，労基法19条１項本文による制限を受けることなく解雇を行うことができることになります。

　もっとも，そうであっても，労契法16条により解雇が無効となることまで否定されるものではありません。上記最高裁判決により差し戻された事件について判断した平成28年９月12日東京高裁判決は，労働者の労務提供の不能や労働能力の喪失が認められることを理由とする解雇について客観的に合理的な理由があると認めるとともに，解雇に至るまでの経緯を踏まえ，社会通念上の相当性も認め，権利を濫用したものとは認めませんでした。

■解雇の制限

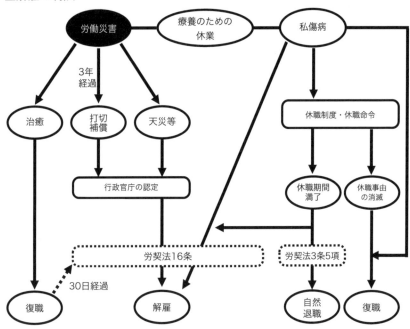

［第7章］

——

労災と司法（民事）

　第5章では，労災に関連する刑事手続等について説明をしましたが，本章では，労災に関連する民事上の権利義務等について説明をしていきます。

　刑事事件については，罪刑法定主義の要請もあり，実体（成立する犯罪やそれを構成する事実）の問題よりも，捜査や訴訟手続上の問題が大きなウエイトを占めますが，民事事件では，訴訟手続上の問題（立証方法等）もさることながら，やはり，実体（権利義務およびそれを基礎付ける事実）についての問題が大きなウエイトを占めることになります。

　特に，労基法が災害補償として事業主に対して無過失での補償義務を課していますので，民事事件としては，それを含めた事業主の損害賠償義務が主たる義務となります。

　そのため，本章では，民事上の損害賠償に関連するすべての事項を取り上げることはできませんが，労災が発生した場合に遭遇する可能性の高い問題点について，これまでの章と同様に，細かな議論に踏み込むことはせず，その全体像について説明していきます。

損害賠償義務の根拠
（債務不履行と不法行為）

Q
何という法律のどの条文が損害賠償義務を負う根拠となりますか？

A
民法415条と民法709条が基本的な根拠条文です。

❓ 疑問点

　法律であらかじめ定めた罰則規定に該当しなければ刑事罰を科されることはありませんでしたが，民事上の損害賠償義務（責任）についても同様に，法律の根拠があり，それに該当することで義務を負うのでしょうか。

解　説

法令の規定

　民法は，親族や相続に伴う権利義務等も規定していますが，基本的には経済取引の基本的なルールを定めた法律という性格を有しています。そのため，雇用関係という経済取引（契約関係）についても民法

が一定のルールを定めており，労災により損害が生じた場合のその賠償義務については，次の条項がその根拠となります。

> 民法415条1項　債務者がその債務の本旨に従った履行をしないとき又は債務の履行が不能であるときは，債権者は，これによって生じた損害の賠償を請求することができる。ただし，その債務の不履行が契約その他の債務の発生原因及び取引上の社会通念に照らして債務者の責めに帰することができない事由によるものであるときは，この限りでない。

> 民法709条　故意又は過失によって他人の権利又は法律上保護される利益を侵害した者は，これによって生じた損害を賠償する責任を負う。

債務不履行：安全配慮義務違反

民法415条1項は，債務不履行による損害賠償義務を定めるものです。

債務を負担する者（債務者）がそれを履行しないことにより生じた損害について，債権者が債務者に対して損害賠償を求める根拠となります。

もっとも，労働契約における事業主（使用者）の債務は，労働者の労務の提供に対して賃金の支払いを行うことであり，賃金の支払いを行わないことにより，これが原因で労災が発生するという関係にない以上，これを理由に損害賠償義務を負わせることができないとも思えます。

しかし，事業主の債務については，単に，賃金を支払う義務だけではなく，労働契約に伴い，労働者がその生命，身体等の安全を確保しつつ労働することができるよう，必要な配慮を行うことも義務の内容

を構成するものと解され，それに違反することが債務不履行となるものと解されています（昭和50年2月25日最高裁判決）。

その結果，労契法が制定されその5条として「安全配慮義務」が規定され，法律上の根拠として認められるに至りました。

不法行為

民法709条は，不法行為による損害賠償義務を定めるものです。

加害者の及んだ事実行為を基礎として，それにより生じた被害者の損害の賠償義務を定めるものです。

不法行為は，契約関係にない者の間であっても損害賠償義務を負わせるものですが，契約関係にある事業主と労働者との間であってもその成立が否定されるものではありません。

そして，故意による場合は別にして，過失については，損害発生の結果が予見できる場合に，その結果を回避する義務（注意義務）を負いながら，それを怠ったことを意味するものと解されています。そのため，不法行為を基礎付けるための過失は，債務不履行の場合における安全配慮義務の内容と重なります。

■債務不履行（安全配慮義務違反）と不法行為

（過　　失）予見可能性
　　　　　　結果回避義務違反　➡　不法行為

業務起因性

（付随義務）安全配慮義務違反　➡　債務不履行

安全配慮義務ないし
注意義務の内容

Q

安全配慮義務は具体的にどのような内容の義務ですか？

A

その当時の具体的事実関係により定まります。

? 疑問点

　労契法5条の規定する「労働者がその生命，身体等の安全を確保しつつ労働することができるよう，必要な配慮を行うこと」は，一般的抽象的には確かにそうですが，これだけであれば，義務および義務違反が否定されることがなく，無過失責任ともいえそうです。

解　説

▎義務の内容

　労災が発生した当時，事業主が負っていたというべき安全配慮義務ないし注意義務は，具体的な事実関係に基づき判断されることとなります。

例えば，労働者を高所で作業させる場合には，同所から墜落・転落する危険を防止するために足場等の作業床を設置することが，事業主にとっての安全配慮義務の内容となることがあり，その場合において，その義務を履行しないことが同義務違反となります。これは，身体等の安全を確保しつつ労働することができるようにすることを具体化したものといえます。

しかし，具体的な事実関係のもとでは，身体等の安全を確保しつつ労働することができるようにする義務があると認められるとしても，高所で作業をさせる場合に，常にこのような義務を負うということにはならないこともあります。

裁判例

平成30年4月26日東京高裁判決（日本総合住生活ほか事件）は，団地内の植物管理工事として樹木の剪定作業に労働者を従事させる場合について，労働者が，作業床として高所作業車を使用するか仮設足場を設置する方法により行う義務を負っていたと主張したことについて「本件樹木の剪定作業において高所作業車を使用するとした場合，使用に最も適合的とされる前記の伸縮式折曲ブーム搭載型高所作業車でも，アウトリガの張り出しを通路上だけで収めることはできず，アウトリガを安全な位置に張り出すためには一部の鉄柵又は低木を伐採し，芝生等を養生するために鉄板を敷く必要があった。また，証拠・・・及び弁論の全趣旨によれば，上記の高所作業車を使用しても，一度に作業ができる範囲（特に高さ）が限られているため，残りの部分を作業するには高所作業車を他に移動させ，アウトリガもこれに合わせて張り出し直し，これに伴う養生も施す必要があること，このようにして高所作業車を使用して剪定作業を行ったとしても，本件樹木は欅で幹が固い上，剪定方法については基本剪定・・・が指示されていたため，高枝剪定鋏や高枝鋸を併用しても適切に剪定することのできない

枝が取り残され，かかる枝は，結局，木に登って作業せざるを得ない
ことが認められる。」などと認め，高所作業車の使用および仮設足場
を設置するまでの義務があったとは認めませんでした。

　なお，この事件では，二丁掛けの安全帯を提供し，その使用方法を
指導してこれを使用させる義務があったと認めています。

長時間労働による過労死等の場合

　また，安全配慮義務として，長時間労働による過労死ないし過労自
殺の場合に特に重要となるものですが，平成12年3月24日最高裁判決
は「使用者は，その雇用する労働者に従事させる業務を定めてこれを
管理するに際し，業務の遂行に伴う疲労や心理的負荷等が過度に蓄積
して労働者の心身の健康を損なうことがないよう注意する義務を負う
と解するのが相当であり，使用者に代わって労働者に対し業務上の指
揮監督を行う権限を有する者は，使用者の右注意義務の内容に従って，
その権限を行使すべきである。」と判示しました。

　この最高裁判例は，多くの事件で引用され，過労死等の場合には当
然のこととして，一般的抽象的には多くの事件に妥当すると思われま
す。

　しかし，この事件では，労働者の上司が，その労働者の業務量の実
情を相当程度把握していたことおよびそうでありながら業務の量等を
適切に調整するための措置をとることがなかったことが前提となって
います。

　そのため，使用者（事業主）が労働者の業務の実情を把握すべき注
意義務を負うことを前提としているものといえ，具体的な事実関係お
よびその認識に応じて，行うべき義務の内容が具体的に定まることに
なるといえます。

予見可能性

Q
予測困難な労災が生じたときも責任を負いますか？

A
「予見可能性」がなければ注意義務を負わず，責任も負いません。

？ 疑問点

　医学的・科学的その他の状況に基づき，想定されていなかったことにより傷病等が生じたときでも，事業主は責任を負うのでしょうか。

解　説

▐ 予見可能性

　民法709条の「過失」について，損害の発生が予見できる場合に結果を回避する義務（注意義務）であり，安全配慮義務とほぼ重なると説明したところですが，結果が発生したからそれを防止するための注意義務を怠ったという判断となるものではありません。

　過失については,この注意義務（結果回避義務）を課す前提として，

そのことを予見することが可能であったこと（予見可能性）を必要とするものと理解されています。

先に説明した平成12年3月24日最高裁判決（193頁参照）では，労働者の上司が，その労働者の業務量の実情を相当程度把握していたことから，労働者がこれにより心身の健康を損なうことが予見できたことが前提となっています。そのため，結果を回避する義務を負っていたという判断となります。

他方で，このことを債務不履行（安全配慮義務違反）との関係で理解すれば，事業主の負うべき債務は，労働者の業務の実情を把握すべきことも含まれていると理解することができそうです。もっとも，このことをもって安全配慮義務についても予見可能性が必要だという説明も可能かと思われます。

そのため，いずれにしても，労働者の業務の実情を把握しながらも，結果の発生が予見できない場合には，その前提となる義務ないし義務違反が否定されることとなります。

裁判例

過労死等の事件ではありませんが，令和2年2月25日東京地裁判決は，海外出張中の従業員が，現地で交通事故に遭ったことについて，事業主に安全配慮義務違反等があったとして，労働者が損害の賠償を求めたものです。

裁判所は，「被告伊藤忠（注：事業主）において，本件視察に際して，原告A（注：労働者）の生命，身体等に対する交通事故による具体的な危険が存在することを予見することができたと認めることは困難というべきであり，被告伊藤忠が本件視察中の移動手段の安全性を確保するための特段の対応をとっていなかったとしても，被告伊藤忠において，原告Aに対する安全配慮義務を怠ったとは認められないというべきである。」と判断しています。

使用者責任と安全配慮義務

> **Q**
> 　同僚の労働者の過失で傷病等が生じた場合であっても事業主がその賠償義務を負うことになりますか？
>
> **A**
> 　使用者責任を理由に賠償義務を負うこととなります。

❓ 疑問点

　同僚の（加害）労働者が自動車の操作を誤り，他の労働者に衝突して負傷を負わせたような場合には，加害労働者の過失はあるとしても，それを理由に事業主に損害賠償義務を負わせることができないようにも思われます。

解　説

▍法令の規定：使用者責任

　使用者責任という言葉を聞いたことがあるかと思いますが，民法715条１項は，次のように，（加害）労働者に不法行為責任が生じる場

合，その使用者に対して，それによる損害の賠償義務を負わせるものとしています。その理由は，労働者を使用することにより利益を上げる関係性が基礎にあるからと説明されます。なお，同項ただし書により事業主（使用者）が賠償義務を免れる場合はほとんどないといわれていますし，筆者自身，これまでにそのような事例を見たことはありません。

> 民法第715条１項　ある事業のために他人を使用する者は，被用者がその事業の執行について第三者に加えた損害を賠償する責任を負う。ただし，使用者が被用者の選任及びその事業の監督について相当の注意をしたとき，又は相当の注意をしても損害が生ずべきであったときは，この限りでない。

　例えば，建設現場であれば，重機と他の労働者が接触し負傷した場合や，倉庫作業であればフォークリフトと他の労働者が接触し負傷した場合には，加害労働者は，自身の過失により，民法709条を理由に損害賠償義務を負うとともに，事業主（使用者）も損害賠償義務を負うことが想定されます。

　なお，株式会社の代表者の行為について不法行為が成立するときは，会社法350条が「株式会社は，代表取締役その他の代表者がその職務を行うについて第三者に加えた損害を賠償する責任を負う。」と規定することから，使用者責任ではなく，この規定により会社（法人）自体も損害賠償義務を負います。これが合同会社等の持分会社の場合であれば，同法600条が同様の規定をしていますし，その他の法人（一般社団法人や医療法人等）についても，同様の規定が存在します。

債務不履行

　上記のような場合に，重機やフォークリフトを運転していた労働者

に過失が認められず不法行為が成立しないときは，使用者責任も認められず，誰も責任を負わないこととなるのでしょうか。

　確かに，そのようなケースも想定されますが，これとは別に，事業主（使用者）として，債務不履行としての安全配慮義務違反が認められる場合には，損害賠償義務を負うこととなります。

　平成30年7月9日徳島地裁判決（ゆうちょ銀行パワハラ事件）では，業務上の指導ないし叱責を受け自殺するに至った労働者について，その上司の指導等について「一連の叱責が，業務上の指導の範囲を逸脱し，社会通念上違法なものであったとまでは認められない。」として，不法行為責任を負うとはしませんでした。

　しかし，事業主（使用者）の安全配慮義務については「A（注：労働者）の執務状態を改善し，Aの心身に過度の負担が生じないように，同人の異動をも含めその対応を検討すべきであったといえる」として，同義務違反を認め，損害賠償義務を負うものと判断しました。

■不法行為（使用者責任）

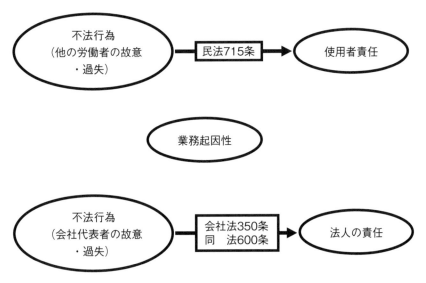

元請業者の下請労働者に対する安全配慮義務

Q

　建設業などで，下請業者の労働者について労災が生じた場合，元請業者がその賠償義務を負うことはありませんか？

A

　特別な社会的接触関係があると認められれば，安全配慮義務を負い，同義務違反および不法行為責任による損害賠償義務を負うことがあります。

？ 疑問点

　労災保険では，建設業のような数次の請負関係が存在するとき，元請負人のみを事業主として保険関係を成立させることがあり（徴収法8条1項），下請業者の労働者が被災した場合であっても，その保険関係を基礎に保険給付がされます。

　これと同様に，損害賠償の場面であっても，元請業者が，下請業者の労働者に対して賠償義務を負うことはないのでしょうか。

解　説

最高裁判決

　造船所において下請業者の労働者として作業に従事した者が，騒音により難聴になったとして元請業者に対して損害賠償を求めた事案について，平成3年4月11日最高裁判決（三菱重工業事件）は，原審の認定した事実関係を前提として「上告人（注：元請業者）は，下請企業の労働者との間に特別な社会的接触の関係に入ったもので，信義則上，右労働者に対して安全配慮義務を負うものであるとした原審の判断は，正当として是認することができる。」と述べ，その責任を認めました。

　また，原審の認定した事実関係については「上告人の下請企業の労働者が上告人の神戸造船所で労務の提供をするに当たっては，いわゆる社外工として，上告人の管理する設備，工具等を用い，事実上上告人の指揮，監督を受けて稼働し，その作業内容も上告人の従業員であるいわゆる本工とほとんど同じであった」としています。そのため，単に請負関係にあるというだけでなく，元請業者と下請業者の労働者との間に「特別な社会的接触の関係」が認められるだけの事実上の指揮命令関係等があることが必要と解されます。

　別の事件ですが，平成30年4月26日東京高裁判決（日本総合住生活ほか事件）では，団地における植物管理工事において，二次の下請業者の労働者が樹木から転落して負傷した事案について，元請業者について，次のように述べて安全配慮義務を負うとともに，同義務に違反したものと認めました。

　「被控訴人住生活（注：元請業者）は，上記のとおり，下請会社である被控訴人昭立造園（注：一次下請）に対し，個別の工事に関して

安全指示書のやり取りや安全衛生の手引の交付によって，安全帯（一丁掛けのもの）の着用，使用に関する指示を具体的に行い，かつ，週に２回程度訪れて遵守状況の確認を行っていたものであり，被控訴人昭立造園は，この指示に基づき，その下請会社である被控訴人グリーン計画（注：二次下請かつ使用者）に対し，同様の具体的な指示を行っていたものであって，この指示は，被控訴人グリーン計画を通じてその作業員に対しても及んでいたことからすれば，被控訴人住生活と被控訴人グリーン計画の従業員との間には，特別な社会的接触の関係を肯定するに足りる指揮監督関係があったものということができる。そして，本件作業においては，安全帯，取り分け二丁掛けの安全帯の着用とその徹底が求められるべきであったことは，すでに説示したとおりであるところ，被控訴人住生活は，使用する安全帯は一丁掛けのものでも安全確保は十分であるとの誤った認識の下に，その使用の徹底を被控訴人昭立造園及びその下請会社の被控訴人グリーン計画を順次通じてその従業員である控訴人Ｘ１（注：労働者）に指示していたと認められるから，被控訴人住生活は，控訴人Ｘ１に対し，安全配慮義務違反があり債務不履行責任を負うとともに，不法行為上の過失も存するから不法行為責任も負うというべきである。」

　なお，下請業者の労働者に対する安全配慮義務違反については，信義則を根拠として認められるものとされていますが，損害賠償義務としては，不法行為だけでなく，債務不履行責任としての根拠（責任原因）にもなるものと解されているようです。

労働者派遣の場合

　請負とは異なりますが，労働者派遣の場合も同様の問題があります。
　しかし，派遣元事業主は，派遣労働者と雇用関係がある以上，労働契約により安全配慮義務を負います。

　また，派遣先事業主も，直接の雇用関係はありませんが，派遣労働者に対して指揮命令を行う関係にある以上，特別な社会的接触の関係が認められ，安全配慮義務を否定することはできないものと思われます。

■元請の責任（安全配慮義務違反）

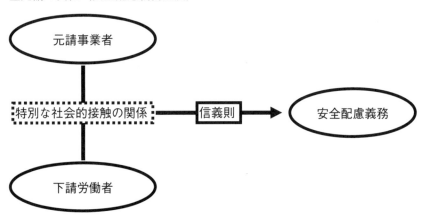

役員の責任（会社法429条）

Q
会社役員が責任を負うことはありませんか？

A
　役員の行為が不法行為となるときは当然ですが，それ以外の場合であっても，役員としての職務に悪意または重過失があったと認められれば責任を負うことがあります。

？ 疑問点

　会社の規模が大きくなれば，労災で被災する労働者と直接的な接点を有するのは他の労働者ばかりで，そうなれば，事業主としての法人しか民事上の責任を負わないことにもなりそうです。

　他方で，事業主である法人に見るべき資産がなければ損害賠償を受けることもできなくなってしまいます。

解　説

法令の規定

　会社法429条1項は，株式会社について「役員等がその職務を行うについて悪意又は重大な過失があったときは，当該役員等は，これによって第三者に生じた損害を賠償する責任を負う。」と規定します。ここで「役員等」とは，取締役，会計参与，監査役，執行役または会計監査人をいいます（同法423条1項）。

　また，持分会社についても同様の規定があります（会社法597条）。

　ここで，不法行為（民法709条）責任が成立する場合の要件は，被害者に対する「故意又は過失」ですが，上記規定の「悪意又は重大な過失」は，会社における役員として果たすべき職務についてのものと解されています。理由は，役員は，会社との委任契約に基づき，会社に対して職務を行う義務を負っているからです。

　そして，社会における会社の果たす役割の重要性等から，役員等が，これについて悪意または重大な過失があり，その結果，第三者（会社と役員以外）に損害が生じたときには，役員等に対しても，損害賠償義務を負わせるべきという考えに基づき，このような規定が存在するものと解されます。

　なお，この条文が活用される場面は，会社自体に資産がない場合において，役員等の資産から債権の回収を図ろうとすることを目的とすることが多いといわれています。もっとも，労災の場面においては，それだけではなく，会社の代表者や労務管理等の担当役員に対し，組織上での責任を明確にして，具体的に賠償義務を負わせるべきとの考えがあることも否定できません。

安全配慮義務との関係

　安全配慮義務は，会社（事業主）としての義務であるのに対して，ここでの悪意または重過失は，個別の役員等の「職務」に対するものです。

　そのため，例えば，過労死の事案において，事業主として労働者に長時間労働を行わせない安全配慮義務があったと認められたとしても，当該役員等が，長時間労働が行われている具体的な状況を認識するとともに，それを是正するための措置を講ずべき担当者と認められなければ，そのことについて悪意または重過失があったとは認められないことになります。

裁判例

　令和3年4月28日東京地裁判決（株式会社まつり事件）では，長時間労働による心室細動などの突然の不整脈の発症により労働者が死亡した事案について，事業主の安全配慮義務を認めた上で，代表取締役について「被告Yは，被告会社の代表取締役として，被告会社の業務全般を執行するに当たり，被告会社において労働者の労働時間が過度に長時間化するなどして労働者が業務過多の状況に陥らないようにするため，従業員の労働時間や労働内容を適切に把握し，必要に応じてこれを是正すべき措置を講ずべき善管注意義務を負っていたというべきであるところ，被告会社の業務執行を一切行わず，亡A（注：労働者）の労働時間や労働内容の把握や是正について何も行っていなかったのであるから，その職務を行うについて悪意又は重大な過失があり，これにより亡Aの損害を生じさせたというべきである。」として，役員としての責任を認めました。

　令和3年1月21日東京高裁判決（サンセイほか事件）は，長時間労

働による脳出血が直接死因となって労働者が死亡した事案について判断したものです。役員3名のうち，2名については責任を否定しましたが，その余の1名（当該労働者の勤務する工場（事業主の本社から遠方にある支社）に常駐していた専務取締役工場長）については責任を認めました。具体的には，労働者の6月分の残業時間が80時間を超えていた旨の報告を受けながら，その業務量を適切に調整するための具体的な措置を講ずることはなかったことについて，「故A（注：労働者）の過労死のおそれを認識しながら，従前の一般的な対応に終始し，故Aの業務量を適切に調整するために実効性のある措置を講じていなかった以上，その職務を行うについて悪意までは認められないとしても過失があり，かつ，その過失の程度は重大なものであったといわざるを得ないから，被控訴人Y3（注：専務取締役工場長）は会社法429条1項所定の取締役の責任を負うというべきである。」と判断しました。

■会社法に基づく役員の責任

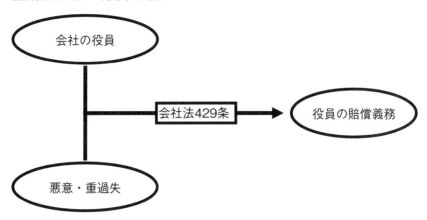

通勤災害に対する責任

Q

通勤時の事故でも，業務上の労災として事業主が義務を負うことは
ありますか？

A

行政の手続上では，一見して通勤災害である場合は，これについて
業務起因性を認め，事業主等に責任が生じるとはなかなか考え難いと
ころですが，裁判例では，事業主に責任が生じると判断したものがあ
ります。

？ 疑問点

労働者が通勤時に事故（通勤災害）に遭った場合，労災保険の給付
については，労災（業務災害）に遭った場合とほとんど違いはありま
せん。

もっとも，民事上の賠償において，通勤時の事故を理由とする場合，
業務災害の場合と異なり，事業主ではなく交通事故の相手やその損害
保険会社に責任が生じます。

そこで，通勤時の事故であれば，事業主が責任を負うことはないと
考えてよいのでしょうか？

解　説

法令の規定

　労災保険法7条1項1号が業務上の傷病等を，同項3号が通勤による傷病等を同法における保険事故として規定しています。

　そのため，業務上の災害と通勤災害は明確に区別されています。

　また，業務上の災害について，事業主は労基法75条以下により災害補償義務を負い，安全配慮義務違反等があれば，民事上の責任として損害賠償義務を負うこととなります（民法415条，709条，719条）。

　しかし，これが通勤災害であれば，事業主は，基本的にはこれらの義務を負うことはなく，例えば，これが交通事故の加害者といった第三者により生じたものであれば，その第三者や同人と保険契約を締結する損害保険会社が民事上の責任として損害賠償義務を負うこととなります。

裁判例

　ところが，裁判所による和解勧告ではありますが，次のような判断がされたものがあります。

　平成30年2月8日横浜地裁川崎支部決定（和解勧告・グリーンディスプレイ事件）は，業務終了後帰宅途中に自損事故により死亡した労働者の相続人が，事業主に対して，安全配慮義務違反を理由に損害の賠償を求めたものでした。

　裁判所は，これについて，次のように，平成12年3月24日最高裁判決を引用して，通勤に関して，事業主の債務不履行ないし不法行為責任が生じうることおよびその事件での事業主の責任を認め，和解を勧告しました。

　「使用者の指揮命令により労働者が労働日に長時間にわたり業務に従事する状況が継続するなどして，疲労や心理的負荷等が過度に蓄積すると，労働者の心身の健康を損なう危険のあることは，周知のところであり，労働者がこのようにして，疲労や心理的負荷等が過度に蓄積したり，極度の睡眠不足の状態に陥ると，自動車や原付バイクの正常な運転ができないおそれがあることも，周知のところであり，また，この自動車等の場合と同様に，安全な運転を要する機械等の正常な運転ができないおそれがあるから，労働者がこの心身の状態に起因して，使用者の指揮管理する勤務時間及び勤務場所において，社用車や機械等の運転操作を誤ったり，深夜や早朝の業務の終了後に使用者が指示又は容認する自車の運転による帰宅の途中など，使用者の指揮管理する勤務時間及び勤務場所に密接する時間及び場所において，自車の運転操作を誤るなどして，労働者の生命・身体を害する事故が生じる危険のあることも，周知であるといえる。そこで，使用者は，その雇用する労働者に従事させる業務やそのための通勤の方法等の業務遂行の内容及び態様等を定めてこれを指揮管理するに際し，業務の遂行に伴う疲労や心理的負荷等が過度に蓄積したり，極度の睡眠不足の状態に陥るなどして，労働者の心身の健康を損ない，あるいは労働者の生命・身体を害する事故が生じることのないよう注意する義務（安全配慮義務）を負うと解するのが相当である。」

　上記の裁判例の事案であれば，行政（政府）に対して労災保険給付を求める場合には，故意に事故を生じさせたような場合でなければ，通勤災害としてそれほど問題とならずに保険給付がされるものと思われます。

　しかし，民事上の損害賠償義務を負う主体が変わりますし，上記裁判例であれば，交通事故の加害者が存在したものではありませんので，この事故が事業主の安全配慮義務違反によるもの（この場合，業務起因性があることが前提となります）と認められることにより，相続人は，保険給付以外の賠償を受けることが可能となるものでした。

安衛法上の義務と民事上の注意義務

? 疑問点

　安衛法および安全衛生規則等の各省令が規定する，事業主が講ずべき措置は，それが，安全配慮義務や注意義務の内容となり，それさえ守れば賠償義務を免れるといえないでしょうか。

解　説

法令の規定

　安衛法は，行政上の取締規定であり，罰則まで規定されていることは既に説明したとおりですが，その内容からすれば，民事上の注意義

務違反を特定する際に当然ながら考慮されることが多くあります。

　しかし，安衛法1条は「この法律は，労働基準法（昭和22年法律第49号）と相まって，労働災害の防止のための危害防止基準の確立，責任体制の明確化及び自主的活動の促進の措置を講ずる等その防止に関する総合的計画的な対策を推進することにより職場における労働者の安全と健康を確保するとともに，快適な職場環境の形成を促進することを目的とする。」と規定していますが，これに反した場合，労基法13条のように，この法律で定める条件をもって，労働契約の内容になるものとはしていません。

　そのため，安衛法および労働安全衛生規則等を遵守すれば，労働契約上の安全配慮義務や注意義務を尽くしたといえるだけの関係にはありません。

　まして，民事上の損害賠償責任が追及される場面では，具体的な事実関係をもとに，事業主が行っていなかった措置を理由に義務違反が主張され，それを前提に注意義務が認定されることからすれば，その内容は安衛法の規定する事項にとどまらないといえます。

▐ 裁判例

　平成30年7月2日東京地裁判決（化学メーカー・有機溶剤中毒事件）は，化学物質を取り扱う検査分析業務に従事していた労働者が，有機溶剤や有害化学物質が発散する劣悪な就労環境で検査分析業務を強いられたことで，有機溶剤中毒および化学物質過敏症に罹患したとして，安全配慮義務違反を理由に損害賠償を求めたことについて「使用者は，労働者に対し，労働者が労務提供のため設置する場所，設備もしくは器具等を使用し又は使用者の指示の下に労務を提供する過程において，労働者の生命及び身体等を危険から保護するよう配慮すべき義務（安全配慮義務）を負っている（最高裁昭和59年4月10日第三小法廷判決・民集38巻6号557頁，労働契約法5条）ところ，安衛法，安衛則，

有機則などの規制は，公法的規制であり，これらが直ちに安全配慮義務の内容になるものではないものの，当該規制が設けられた趣旨や具体的な状況の下において，これら規制が安全配慮義務の内容となる場合もあると解される。」と述べました。

その上で，「雇用契約上の安全配慮義務の内容としての局所排気装置等設置義務，保護具支給義務及び作業環境測定義務の各違反が認められる。そして，各義務の法令上の基準は，作業従事者の健康被害を防止するために設定されたものであるから，被告（注：事業主）の上記各義務違反がなければ，症状発現につながるような原告（注：労働者）の有機溶剤及び有害化学物質への曝露を回避することができたと推認することができ，かかる推認を妨げる事情は，本件全証拠によっても認められないことからすると，被告の安全配慮義務違反と原告が化学物質過敏症に罹患したこととの間には，相当因果関係があると認められる。」と判断しました。

また，先にも紹介しましたが，平成30年4月26日東京高裁判決（日本総合住生活ほか事件，192頁参照）は，団地内の植物管理工事として樹木の剪定作業に労働者を従事させる場合について，労働者が，作業床として高所作業車を使用するか仮設足場を設置する方法により行う義務を負っていたと主張したことについて，裁判所は，「本件作業に高所作業車を使用することについては，安衛則518条2項の『困難なとき』に該当するというべきである。」と述べて，これらの義務を負っていたとは認めませんでしたが「二丁掛けの安全帯を提供し，その使用方法を指導し，本件作業の際にこれを使用させようとしなかった点において，被控訴人グリーン計画には安全配慮義務違反があったといわざるを得ない。」と判断しました。

しかし，労働安全衛生規則518条2項は「事業者は，前項の規定により作業床を設けることが困難なときは，防網を張り，労働者に要求性能墜落制止用器具を使用させる等墜落による労働者の危険を防止するための措置を講じなければならない。」と規定してはいますが，2

丁掛けの安全帯を使用させることを義務付けてはいません（平成31年の安衛法施行令等の改正により「安全帯」から「墜落制止用器具」に名称が変更されています）。

　裁判所は，このように判断した理由について「たとえ本件事故当時，造園業界において，二丁掛けの安全帯が一般的ではなかったとしても，一丁掛けの安全帯では，安全帯を別の枝に掛け替える際には，三点支持により労働者が自ら落下を防ぐしかない状態が生じ，安衛則518条2項が予定している『労働者の危険を防止するための措置』が何ら講ぜられていない状態が発生することになるから，違法であることが明らかであり，被控訴人グリーン計画（注：使用者）は，控訴人Ｘ1（注：労働者）に対し，二丁掛けの安全帯を提供し，その使用方法を指導し，本件作業にこれを使用させる義務があったというべきである。」と述べています。なお，この点については，原審での証拠調べの結果認定した事実に基づき判断したものであり，当該事件における具体的な事実関係に基づいて義務を認定したものといえます。

―第9節―

証拠としての労災資料

Q

裁判に備えどのようなものを証拠として集めればよいですか？

A

労働基準監督署で作成された資料の開示を受けるとよいです。

? 疑問点

　裁判において，労災が発生し，それにより損害が生じたことを証明するのに，労働基準監督署が作成した調査資料等を用いることはできないのでしょうか。

解　説

▎開示請求

　労災について，多くの民事訴訟では，労災保険の支給・不支給決定のために行われた調査の結果を記した資料が証拠として提出されます。

　これについては，労働基準監督署から裁判所に提出されるものでは

なく，通常は，被災した労働者本人あるいはその遺族が労働局長から開示を受けてこれを取得して提出します。行政機関の保有する個人情報の保護に関する法律12条が規定する開示請求権と同法13条が規定する開示請求の手続が根拠となります。

　もっとも，開示請求は，個人の情報についての開示を受ける手続ですので，開示される資料に第三者の氏名等が含まれる場合，その箇所は黒塗りされ開示されないことが予定されています。

開示される資料

　労働者の請求した保険給付ないし支給された保険給付の内容にもよりますが，開示される資料は主に次のようなものが含まれます。ただ、これに限られるものではありません。

・実地調査復命書

・支給決定決議書

・診療費請求内訳書

・診療録（カルテ）

・診断書

　実地調査復命書は，保険給付の支給・不支給決定を行うために，労働基準監督署の担当者が，労働者や関係者から聞き取りを行ったり，医師に意見を照会しその結果を記載するなど，業務上（ないし通勤）の災害と認定してよいかという判断のための調査結果を取りまとめ作成されるものです。ちなみに「復命書」というのは，労働基準監督署長から調査を命じられ，それに復した結果を報告する書面という意味でこのような名称が付されます。

　また，業務上外だけでなく，療養のための休業の要否（症状固定の有無），障害等級，遺族給付の受給権者該当性等，保険給付の支給・

不支給決定に必要な事項が，その事案において調査の対象となりますので，その調査の都度「療養補償給付実地調査復命書」「障害補償給付実地調査復命書」などの名称のものが作成されることがあります。

事前相談

　労働局長に対して開示請求を行う場合「～に係る保険給付請求に関して作成された認定調査復命書及びその添付資料一切」などと記載して請求を行いますが，上記のように，数種類の復命書が作成され資料が収集されている場合もあります。

　そのため，開示請求書の記載によっては，必要とするものについて開示を受けられないこともありますので，開示請求を行う際は，労働局の窓口に問い合わせるなどして行うことが無難です。おそらく「このようなものもありますが，これが必要であれば，請求書に○○という記載をしてください」といったアドバイスを受けられると思います。

証拠としての評価

　上記により開示を受けた資料については，公務員の作成したものとして，証拠としての価値が低く見られることはまずありません（例えば，労災が発生した後に，これにより利益を受ける立場の労働者が作成した資料であれば，意図的に自己に有利に作成された可能性は否定しえず，その証拠としての価値を高く評価することは一般的に難しいといえます）。

　また，保険給付にあたり，業務起因性について判断を行うための事実が調査されているため，それを公的機関が認めたものであれば，事業主の損害賠償義務を基礎付ける要件である業務起因性の判断にも，事実上，大きく影響を及ぼします。特に，精神障害や脳心疾患といった疾病を理由とする場合には，その判断が医師の意見等の専門的知見

に依拠して行われ，業務上と認定されたものであれば，労働者としてはかなりのアドバンテージといえます。

　加えて，労災保険給付の請求は，請求書を作成して労働者が行うものですが，その中に，事業主の証明欄があります。

　そこでは，労働者性を基礎付ける事実や労災の発生した事実について「証明します。」と記載のある欄に事業主の署名ないし記名押印をすることが予定されています。

　ここに署名押印があれば，事業主としてこれを自認したものとも判断されることとなりやすいのは言うまでもありません。被災した労働者が労災保険から補償を受け，事業主として，その証明をすることで自らの賠償義務を減らすという利益を享受しておきながら，裁判となった途端，労働者性や業務起因性を争ったとしても，その主張立証は信用し難いといえます。

事業主側からの視点

　以上は，主に労働者側からの視点で説明を行いましたが，反対に事業主としては，労働者が開示を受けた資料については，方法は別にして，そのすべてについて開示を受けられるようにすべきです。

　労働者としては，自己の請求を基礎付ける理由となりうる資料だけを裁判の証拠として提出する場合があり，不都合な資料については，裁判の証拠として提出しない可能性があります。

　また，労働者が労働基準監督署に保険給付の請求をした際に行った申出（主張）と裁判となった際に行う主張に矛盾が含まれることもありますし，労働基準監督署長の判断が常に正しいとも限りません。

　そのため，その事件の係属した裁判所の考え方にもよるところではありますが，事業主としては，労働者に対してすべての資料について証拠として提出するように求めるとともに，必要があれば，裁判手続

を通じて，直接，労働基準監督署や医療機関に対して資料の送付を求めることも検討すべき場合があるといえます。

行政の認定および認定基準と司法判断

> ## Q
> 裁判所は，どのようにして業務起因性を判断しますか？
>
> ## A
> 行政の用いる認定基準を前提に判断を行い，その事案の特性等に照らして，不都合な場合があれば修正をして結果を導くことが多い印象です。

❓ 疑問点

　労働基準監督署長の決定について，取消訴訟が提起されれば，裁判所はこれを取り消すことも可能ではありますが，疾病の業務起因性のように，専門性の高い要件について，どのようにして判断するのでしょうか。

解　説

最高裁判決

　業務起因性の箇所でも説明しましたが，業務と傷病等との因果関係については，当該傷病等が当該労働者の従事していた業務に内在または通常随伴する危険が現実化したことによるものと評価できるかによって判断するものとされています（平成8年1月23日最高裁判決等）。

　言い方に語弊はあるかもしれませんが，最高裁判所の示した規範ですので，地裁および高裁の判断はこれに従って行われることになるものであり，当然ながら，労働基準監督署長の判断に従うということにはなりません。

　もっとも，上記の規範は，業務起因性の意義を明確にしたというだけであって，個別具体的な事案の傷病等について，どのような基準で判断すればよいかということまでを明示するものではありません。

　そこで，裁判所としても，労働基準監督署長がその判断に用いる認定基準を参考とすることが自然ですし，反対にいえば，無視することはできません。

裁判例

　労働基準監督署長の決定に対する取消訴訟ではありますが，労働者が業務によりうつ病を発症したと主張する事件について，令和3年3月15日大阪地裁判決は，次のように述べて，行政がその判断に用いる認定基準である「心理的負荷による精神障害の認定基準について」（平成23年12月26日基発第1226第1号厚生労働省労働基準局長通達）を用いることが相当としています。

　「厚生労働省は，精神障害の業務起因性を判断するための基準として，認定基準を策定しているところ，認定基準は，行政処分の迅速かつ画一的な処理を目的として定められたものであり，もとより裁判所を法的に拘束するものでないものの，精神医学，心理学及び法律学等の専門家により作成された報告書（乙4）に基づき，医学的専門的知見を踏まえて策定されたものであって，その作成経緯及び内容等に照らしても合理性を有するものといえる。そうすると，精神障害に係る業務起因性の有無については，認定基準の内容を参考にしつつ，個別具体的な事情を総合的に考慮して判断するのが相当というべきである。」

裁判例

　また，先の説明で，労働基準監督署長が業務起因性を認めた場合，労働者としてアドバンテージになると述べましたが，そのとおりの結果が保証されるものではありません。

　例えば，平成28年11月30日東京高裁判決（ケー・アイ・エス事件）は，腰痛の悪化を理由に休職した後，休職期間の満了を理由に自然退職したものとされたことについて，労働者が，その腰痛について業務によるものであるとともに，安全配慮義務違反について主張し，事業主に対して損害賠償を求めたものがあります。

　労働基準監督署長は，これについて業務起因性を認めて保険給付の支給決定を行い，原審である地裁判決も業務起因性を認め，それを前提に事業主に対して賠償を命じました。しかし，上記判決は，結論として次のように述べて業務起因性を否定し，労働者の請求を棄却しました。

　「以上のような事情を総合すれば，第1審原告（注：労働者）の主張に係る平成20年7月25日，同年10月2日，同年12月5日の本件作業中に腰痛の発症，悪化があったとしても，第1審原告において本件作業

に従事する相当以前から罹患していた慢性的な腰痛が日常生活上の通常の動作によって一時的に悪化したことがある程度のものであるにすぎず，その原因が本件作業にあったということは到底できないというべきである。船橋労働基準監督署長による，第１審原告の腰痛が第１審被告会社（注：事業主）の業務上の負傷に起因する疾病に該当するとの認定は，本件作業が第１審原告の主張する態様のものであったとの誤った事実を前提とするものであったから，上記判断を左右する事情であるとはいえない。」

　なお，裁判所が前提とした「以上のような事情」には，労働者が労災保険を請求するにあたっての労働基準監督署長にする労働者の供述が信用できないということが含まれています。具体的には「約230kgの原料入りコンテナ容器の下端部に両手をかけて持ち上げ，コンテナ容器を傾けるためには少なくとも115kgを持ち上げる力を必要とすることが認められ，・・・小柄で細身の第１審原告・・・においても，200kg前後のコンテナ容器を上記方法により傾けることは物理的に不可能であったといわざるを得ないから，上記陳述書等はいずれも信用することができず，第１審原告の上記主張は採用することができない。」ということです。

損害（過失相殺と損益相殺）

Q
　労災保険から給付の支給を受けるとともに，事業主からも損害賠償を受けることはできますか？

A
　同一の事由について保険給付を受けた額については損害額から控除（損益相殺）され，二重に補償ないし賠償を受けることはできません。

? 疑問点

　事業主負担で労災保険料を支払うことからすれば，保険給付の範囲で，損害賠償義務を免れることにはならないでしょうか。

解　説

▐ 法令の規定

　労基法84条２項は「使用者は，この法律による補償を行った場合においては，同一の事由については，その価額の限度において民法による損害賠償の責を免れる。」と規定しています。また同条１項は「こ

の法律に規定する災害補償の事由について，労働者災害補償保険法（昭和22年法律第50号）又は厚生労働省令で指定する法令に基づいてこの法律の災害補償に相当する給付が行なわれるべきものである場合においては，使用者は，補償の責を免れる。」と規定しています。

最高裁判決（同一の事由）

　昭和62年7月10日最高裁判決は，労基法84条2項等について「右にいう保険給付と損害賠償とが『同一の事由』の関係にあるとは，保険給付の趣旨目的と民事上の損害賠償のそれとが一致すること，すなわち，保険給付の対象となる損害と民事上の損害賠償の対象となる損害とが同性質であり，保険給付と損害賠償とが相互補完性を有する関係にある場合をいうものと解すべきであって，単に同一の事故から生じた損害であることをいうものではない。そして，民事上の損害賠償の対象となる損害のうち，労災保険法による休業補償給付及び傷病補償年金並びに厚生年金保険法による障害年金が対象とする損害と同性質であり，したがって，その間で前示の同一の事由の関係にあることを肯定することができるのは，財産的損害のうちの消極損害（いわゆる逸失利益）のみであって，財産的損害のうちの積極損害（入院雑費，付添看護費はこれに含まれる。）及び精神的損害（慰藉料）は右の保険給付が対象とする損害とは同性質であるとはいえないものというべきである。」としています。

　このことは，例えば，労働者が，障害補償給付として一時金の支払いを受けたとしても，裁判所が，後遺障害による逸失利益としての損害が生じたと認めなかった場合に特に意味があります。つまり，この障害補償給付と「同一の事由」の損害賠償義務はない一方で，これを理由に事業主の他の損害についての賠償額（例えば，慰謝料等）を減額（控除）することはできないことを意味します。

最高裁判決（特別支給金）

　労働者が支給を受けた特別支給金について，これを損害賠償額から控除できるかどうかについて，平成8年2月23日最高裁判決は，「このような保険給付と特別支給金との差異を考慮すると，特別支給金が被災労働者の損害をてん補する性質を有するということはできず，したがって，被災労働者が労災保険から受領した特別支給金をその損害額から控除することはできないというべきである。」と述べています。

　そのため，労災として交通事故が発生した場合において，労働者が自賠責保険や任意保険から賠償を受けたとしても，労災保険に対して，特別支給金の支給を別途求めることができることになります。

過失相殺

　民法418条は「債務の不履行又はこれによる損害の発生若しくは拡大に関して債権者に過失があったときは，裁判所は，これを考慮して，損害賠償の責任及びその額を定める。」と規定します。

　また，民法722条2項は「被害者に過失があったときは，裁判所は，これを考慮して，損害賠償の額を定めることができる。」と規定しています。

　いわゆる過失相殺についての規定ですが，過失相殺と損益相殺の順序については，どちらが先に行われるべきでしょうか。

最高裁判決（過失相殺と損益相殺の順序）

　交通事故による事案であるため，労災保険法12条の4（第三者行為災害）が関係する事件ですが，過失相殺と損益相殺（控除）の順序について，平成元年4月11日最高裁判決は「労働者災害補償保険法（以下「法」という。）に基づく保険給付の原因となった事故が第三者の

行為により惹起され，第三者が右行為によって生じた損害につき賠償
責任を負う場合において，右事故により被害を受けた労働者に過失が
あるため損害賠償額を定めるにつきこれを一定の割合で斟酌すべきと
きは，保険給付の原因となった事由と同一の事由による損害の賠償額
を算定するには，右損害の額から過失割合による減額をし，その残額
から右保険給付の価額を控除する方法によるのが相当である」と判断
しました。

　例えば，労働者が，労災により逸失利益としての休業損害1,000万
円が生じたときに，労災保険から休業補償給付として600万円の給付
を受けたとします。ここで，労働者に5割の過失があったと認められ
た場合において，先に同一の事由である休業補償給付を控除（損益相
殺）すれば，事業主に対して，200万円の休業損害を請求することが
できます。

（1,000万円　−　600万円）　×　50%　＝　200万円

　しかし，最高裁はそうではなく，先に過失相殺をするものと認めた
ことから，この場合，事業主に対して休業損害を請求することはでき
ないことになります。

1,000万円　×　50%　−　600万円　＝　−100万円

最高裁判決（過失相殺について）

　また，過失相殺について，平成26年3月24日最高裁判決は，その事
件における事実関係に基づいた判断（事例判決）ではありますが，う
つ病を発症した労働者について，その損害額を定めるにあたり，労働
者のぜい弱性を理由とする素因減額（過失相殺の類推適用）の可否に

ついて次のように述べて否定しました。

「上告人（注：労働者）が被上告人（注：使用者・事業主）に申告しなかった自らの精神的健康（いわゆるメンタルヘルス）に関する情報は，神経科の医院への通院，その診断に係る病名，神経症に適応のある薬剤の処方等を内容とするもので，労働者にとって，自己のプライバシーに属する情報であり，人事考課等に影響し得る事柄として通常は職場において知られることなく就労を継続しようとすることが想定される性質の情報であったといえる。使用者は，必ずしも労働者からの申告がなくても，その健康に関わる労働環境等に十分な注意を払うべき安全配慮義務を負っているところ，上記のように労働者にとって過重な業務が続く中でその体調の悪化が看取される場合には，上記のような情報については労働者本人からの積極的な申告が期待し難いことを前提とした上で，必要に応じてその業務を軽減するなど労働者の心身の健康への配慮に努める必要があるものというべきである。」

「また，本件においては，上記の過重な業務が続く中で，上告人は，平成13年３月及び４月の時間外超過者健康診断において自覚症状として頭痛，めまい，不眠等を申告し，同年５月頃から，同僚から見ても体調が悪い様子で仕事を円滑に行えるようには見えず，同月下旬以降は，頭痛等の体調不良が原因であることを上司に伝えた上で１週間以上を含む相当の日数の欠勤を繰り返して予定されていた重要な会議を欠席し，その前後には上司に対してそれまでしたことのない業務の軽減の申出を行い，従業員の健康管理等につき被上告人に勧告し得る産業医に対しても上記欠勤の事実等を伝え，同年６月の定期健康診断の問診でもいつもより気が重くて憂鬱になる等の多数の項目の症状を申告するなどしていたものである。このように，上記の過重な業務が続く中で，上告人は，上記のとおり体調が不良であることを被上告人に伝えて相当の日数の欠勤を繰り返し，業務の軽減の申出をするなどしていたものであるから，被上告人としては，そのような状態が過重な業務によって生じていることを認識し得る状況にあり，その状態の悪

化を防ぐために上告人の業務の軽減をするなどの措置を執ることは可能であったというべきである。これらの諸事情に鑑みると，被上告人が上告人に対し上記の措置を執らずに本件鬱病が発症し増悪したことについて，上告人が被上告人に対して上記の情報を申告しなかったことを重視するのは相当でなく，これを上告人の責めに帰すべきものということはできない。」

　損害に関連して問題となる事項は多岐にわたり，上記だけで十分とは到底いえませんが，労災保険の存在を前提とする損害賠償請求においては，差し当たり，損益相殺と過失相殺について理解しておけばよいかと考え，以上のとおり，関連する最高裁判決を紹介した次第です。

第8章

労災と民事賠償責任との調整

　第7章の労災と司法（民事）の中で，損害を算定するにあたり，労働者が受給した労災保険給付を控除することについて説明をしました。このことは，労災保険給付を既に受給したことを前提としていましたが，逆の場合がないわけではありません。

　また，労災保険においても，労働者に対して保険契約者である事業主以外の第三者が賠償義務を負う場合には，それとの調整も必要となってきます。

　本章では，民事賠償責任と労災保険給付との調整先について説明をします。これについては，第2章（労災補償保険の基本）または第4章（労災と行政）において説明すべき事項ともいえますが，労災と損害賠償についての説明を踏まえた方が理解しやすいと考え，第7章の後に説明を行うものとしたものです。

労基法上の補償の義務と労災と民事上の義務との調整

> **Q**
>
> 労災保険給付よりも先に，事業主による損害賠償がされ，労働者が損害の賠償を受けた場合，労災保険給付の支給を受けることはできますか？
>
> **A**
>
> 保険給付は行われず，例外的に，年金については調整されることが予定されています。

？ 疑問点

労災保険の損害保険という性格からすれば，事業主が損害賠償責任を負う場合であっても，労災保険から保険給付を受けることが想定されていますが，先に事業主が損害を賠償した場合はどうなるのでしょうか。特に，年金としての給付を受けうる場合には，労災保険給付が先行したとしても，同様の事態が生じる可能性があります。

解　説

法令の規定

　労災保険法64条は，損害賠償との調整に関する暫定措置を規定しています。

　同条1項は，労働者または遺族が，障害補償年金または遺族補償年金とこれらの前払一時金給付の支給を受けることができる場合に，前払一時金給付の最高限度額からそれまでに生じる遅延損害金を控除した額について，事業主は損害賠償の履行をしないことができるものとしています（同項1号）。これにより，年金および前払一時金給付による労災保険給付が行われることにより，事業主が損害賠償義務を免れるものとされています（同項2号）。

　他方で，同条2項は，労働者が事業主から損害賠償を受けた場合について，政府は同一の事由についてその価額の限度で保険給付をしないことができるものとされています。ただし，年金については前払一時金給付を限度とし（同項1号），障害補償年金差額一時金等の一時金（同項2号）および前払一時金給付（同項3号）については例外とされています。

　これにより，一応，労働者が同一の事由について重複して賠償ないし補償給付を受けないように調整がされています。

　なお，療養補償給付については現物（役務）の支給であり（同法13条1項および同条2項），休業補償給付については「賃金を受けない日」（同法14条1項）について給付されることなどの理由から，これらについても，重複しないことを前提としています。

　なお，実務上，事業主が先払いした金員がある場合，損害賠償額を算定するにあたっては，労災保険からは給付されない慰謝料としての損害に充当されたものとして扱われることが多いものと思われます。

第三者行為災害

Q

労働者に対して，事業主以外の第三者が損害賠償義務を負う場合に，労災保険給付と調整がされるのでしょうか？

A

第三者行為災害として調整されることが予定されています。

疑問点

相手方のいる交通事故のように，事業主以外の者が労働者に対して賠償義務を負う場合，労災保険給付と調整がされるのでしょうか。

解　説

▌法令上の規定

いわゆる第三者行為災害について保険給付を行う場合の調整規定が次のとおり，労災保険法12条の4に規定されています。

> 労災保険法第12条の4　政府は，保険給付の原因である事故が第三
> 　者の行為によって生じた場合において，保険給付をしたときは，そ
> 　の給付の価額の限度で，保険給付を受けた者が第三者に対して有す
> 　る損害賠償の請求権を取得する。
> 2　前項の場合において，保険給付を受けるべき者が当該第三者から
> 　同一の事由について損害賠償を受けたときは，政府は，その価額の
> 　限度で保険給付をしないことができる。

　そのため，労災保険が先に保険給付をすれば，損害賠償義務者たる
第三者に対して支払いを請求し，これについて，労働者はその範囲に
ついて第三者に賠償を求めることはできなくなります（同条1項）。
他方で，労働者が，第三者から損害賠償を受けたときは，その分の保
険給付の請求を行ったとしても，不支給の決定がされることとなりま
す（同条2項）。

　なお，実務上，同条1項の取扱いを「求償」，同条2項の取扱いを「控
除」と呼んでいます。

自賠責保険

　この規定が機能するのは，自動車事故の場合がほとんどです。

　被災した労働者等が，自賠責保険および任意保険ではなく，先に労
災保険給付の支給を望む場合には，政府（労働局）と損害保険会社と
の間で調整を行うこととされています。

遅延損害金との調整

　ところで，民法489条は，損害に対する賠償金が支払われたとき，
その弁済が充当される順序について，費用，利息，元本と定めていま

す（なお，利息には遅延損害金も含まれます）。他方で，不法行為に
よる損害は，最高裁判決（昭和37年９月４日最判・民集16巻９号1834
頁）により，損害の発生と同時に遅滞となり遅延損害金が生じるもの
とされています。

　そのため，労災保険給付がされた場合，これが遅延損害金に充当さ
れないかが問題となりますが，平成22年９月13日最高裁判決が次のよ
うに判断し，不法行為時（損害の発生時）に同一の事由の損害に充当
されたものとすることを相当としています。これにより，遅延損害金
の計算は，労災保険給付額を控除（損益相殺）して，その残額を元本
として計算すればよいこととなります。

　「被害者が，不法行為によって傷害を受け，その後に後遺障害が残っ
た場合において，労災保険法に基づく各種保険給付や公的年金制度に
基づく各種年金給付を受けたときは，これらの社会保険給付は，それ
ぞれの制度の趣旨目的に従い，特定の損害について必要額をてん補す
るために支給されるものであるから，同給付については，てん補の対
象となる特定の損害と同性質であり，かつ，相互補完性を有する損害
の元本との間で，損益相殺的な調整を行うべきものと解するのが相当
である。」「（注：各保険給付について）制度の予定するところと異なっ
てその支給が著しく遅滞するなどの特段の事情のない限り，これらが
支給され，又は支給されることが確定することにより，そのてん補の
対象となる損害は不法行為の時にてん補されたものと法的に評価して
損益相殺的な調整をすることが，公平の見地からみて相当というべき
である。」

求償差控え

Q

　他の労働者の行為により事故が生じて別の労働者が被災した場合，これについても第三者行為災害にあたるものとして取り扱われるのでしょうか？

A

　法令の規定からすれば第三者行為災害にあたりますが，事実上，求償を行わないことで利害関係の調整を図っているようです。

? 疑問点

　労災保険法12条の４の「第三者」は，損害保険という性質から，政府，事業主，被災した労働者を除く者を指すものといえますが，これに他の労働者が含まれてしまうと，労災保険としての趣旨が損なわれてしまわないでしょうか。

解　説

実務上の取扱い

　条文を素直に読めば，やはり，加害者となった労働者も「第三者」に含まれることになりますし，例えば，加害者となった労働者が，故意に事故を起こすなどして他の労働者が傷病等を負った場合にまで，その責任を負わないと解することは不合理といえます。

　そのため，第三者行為災害に該当する場合であっても，同一事業主に雇用される労働者による行為で他の労働者が傷病等を負うときなど，一定の類型に該当する場合には，政府は，実務上，労災保険法12条の4第1項により取得した請求権を行使しないこととしています。

　このことを，実務上，「求償差控え」と呼んでいます。

　もっとも，同条項により政府が取得する損害賠償請求権は，国の民事上の債権として扱われますので，会計法や国の債権の管理等に関する法律（債管法）に基づき行使および管理されることとなります。

　これにより，消滅時効については，会計法30条により5年となります（令和2年の民法改正以前は，不法行為による損害賠償債権の消滅時効は3年でした）。さらに，国が一方的にその支払い（納入）を告知する行為により時効が更新するものとされ（納入告知・会計法32条，債管法13条1項），民事上の私人間の債権よりも優遇されています。

　債管法では，債権の発生原因によりその適用が除外されるもの（刑事罰としての罰金等）について規定していますが，この中に，労災保険法12条の4第1項により政府が取得した損害賠償請求権は含まれていません（債管法3条）。

　そのため，本来であれば，この損害賠償請求権についても納入告知を行うなどして権利行使を行うことが必要ではありますが，労災保険の性格上，求償差控えの取扱いが事実上認められている（黙認されて

いる）ようです。

　もっとも，厚生労働省では，債務者が無資力等の状態にある場合についても求償差控えの取扱いを行っていたところ，平成28年10月，会計検査院から債権管理が適切に行われていないものとして，改善の措置が要求されました（会計検査院平成27年度決算検査報告）。厚生労働省では，これを受けて，この点については取扱いを改める通達を発出しました（会計検査院平成28年度決算検査報告）。

控　除

> **Q**
> 加害者から損害賠償を受ける際に注意することはありますか？
>
> **A**
> 示談してしまうと，保険給付を受けられなくなる場合があります。

? 疑問点

　労災保険給付を受けられることが見込まれる場合に，加害者と示談
をするなどして，その責任を免除した場合，何か不都合なことがある
のでしょうか。

解　説

▌最高裁判決

　昭和38年6月4日最高裁判決は「被災労働者ら自らが，第三者の自
己に対する損害賠償債務の全部又は一部を免除し，その限度において
損害賠償請求権を喪失した場合においても，政府は，その限度におい
て保険給付をする義務を免れるべきことは，規定をまつまでもない当

然のことであって，右二項の規定は，右の場合における政府の免責を
否定する趣旨のものとは解されないのである。そして，補償を受ける
べき者が，第三者から損害賠償を受け又は第三者の負担する損害賠償
債務を免除したときは，その限度において損害賠償請求権は消滅する
のであるから，政府がその後保険給付をしても，その請求権がなお存
することを前提とする前示法条2項（注：労災保険法12条の4第2項
（当時の同法20条2項））による法定代位権の発生する余地のないこと
は明らかである。」と述べ，労働者の示談が真意によりなされたもの
であることを踏まえ，これにより，政府がその限度で保険給付をする
責を免れたものと判断しました。

　このことから，実務上，示談が真正に成立し，損害賠償請求権の全
部の填補を目的とするときは，保険給付が行われないものとされてい
ますので，示談については慎重に行うべきです。
　もっとも，保険給付と同一の事由にあたらない慰謝料等の精神的苦
痛に対する損害賠償については，控除による支給調整の対象となりま
せん。
　もし，何らかの事情で慰謝料等について示談（場合によっては裁判
上の和解）をする場合には，労災保険給付を受けられるように，示談
ないし和解の条項を工夫する必要がありますので，事前に，労働基準
監督署にご相談することをお勧めします。
　なお，年金給付の場合，労働者が受領した損害賠償額までまたは示
談により免除した保険給付に相当する額まで年金が控除され支給され
ないこととなりますが，控除される期間は災害発生後7年を限度とさ
れています。

第9章

労災「超」基礎知識

　本章では，これまでの章とは異なり，本来はコラム等として記載することを予定していた筆者の経験等についてまとめています。

　その内容は，行政職員が内部的に使用する略語のような，まさにコラムに適したようなものから，その内容を理解するには，各章の内容についてさらに進んだ理解を必要とするものまでも含むものです。

　特に，後者については，筆者の経験に基づく問題意識等から記載するに至ったものが多く，本書の性格からすれば必要性が高いとはいえないものの，本書の内容についてより深い理解を提供することにもなると考え，あえて記載することとしました。

　そのため，本章の内容については，実務や労災等の理解に直接的に関係しないものも含まれていますが，ちょっとした息抜きや，更なる理解を深めるためにご覧になっていただければと思います。

業務起因性

> **Q**
>
> 　会社の近隣で，大規模な事故が発生したので，労働者に対して救助活動を手伝うように指示をしましたが，このときに労働者が怪我をしたとしても，事業主の指示に従ったものですから，労災として，保険給付がされますよね。
>
> **A**
>
> 　「業務起因性」「業務遂行性」が認められない可能性が高いです。

 解　説

問題の所在

　筆者が，労働局（労働基準監督署）から厚生労働省に異動した年の翌年である2005（平成17）年，JR西日本で尼崎線の脱線事故が起こりました。

　乗員の方々はもちろん，乗客の中にも，通勤中の方や仕事での移動中の方が乗車中であることが予想されたため，多数の労災ないし通勤災害の請求がなされることが予想されました。

　その際，事故の報道の中で，近隣の企業の労働者が，救助活動の手助けをしている旨の報道があったと記憶していますが，そのため，こ

のような場合に怪我をしたとして労災請求がされた場合，業務上の災害といえるのかどうかが内部的に検討されました。

　結果として，そのような労災請求がされたことの確認はしていませんが，この場合，救助活動が業務といえるのか，つまり，負傷等をした場合に，業務遂行性が認められるかが問題となります。

労働契約の内容

　労働契約では，本来的に，どのような業務を行うかが決められ，契約内容を構成しています。最近では従事する業務を限定したジョブ型雇用への移行の必要性が強調されることが多くありますが，そうでないメンバーシップ型雇用であっても，やはり，その業務の範囲は，事業との関係で一定の限界があると考えられます。

　例えば，役員が，通勤に自家用車を使用していた場合において，所定労働時間中に，労働者に対して，その洗車を指示できるかというといかがでしょうか。役員は，会社との委任契約に基づき職務を行う立場ですから，会社と雇用契約を締結する労働者に対して，私用のために指揮命令しえるだけの権限はないはずです。

　もちろん，事業場の中で，事業を行う際に事故が起きたような場合には，いわゆる緊急業務として，その事故の復旧や被災者の救助の指示をすることも業務の範囲内として許容しうると思われますが，やはり，その事業とは無関係な事故について行った救助活動まで業務遂行性が認められるかというと，心情的には理解できなくもありませんが，なかなか難しいと思われます。

　なお，被災地等における，ボランティア活動に従事した際に生じた負傷等については，ボランティア活動が労働契約に基づくかどうかがまずは問題となりますので，上記の場面とは，問題設定が異なります。

テレビの影響

 解　説

番組制作と行政

　筆者が厚生労働省にいた時，とあるテレビ局で，労働基準監督官を主役としたドラマを制作・放送するという理由で，その内容について事前に意見照会がされたことがありました。

　番組自体は，労災と思われていた死亡災害が，主役の労働基準監督官が調査した結果，実は殺人事件だったため，その手を離れて警察が捜査するというストーリーだったように記憶していますが，そのドラマの中に，労働基準監督署の実務との関係で，問題のある内容や間違った用語の使われ方等が含まれていないか，番組制作者から照会があったものでした。

　ドラマの内容が上記のようなものであったことからも，筆者が知る限りの職員の間では，現実離れはしているけれども，実務として問題

のある（実務と異なった）内容は含まれていないとの理解を有していました。

しかし，職業病対策認定室の係長からは，そんなことを放送されたら現場が混乱するという強い指摘がありました。それは，喘息を理由に労災請求を行う場面が含まれていた点についてのものでした。

テレビの影響力

ドラマの中で，喘息を理由に労災請求をする場面があったようなのですが，筆者は，その前後がどのような構成となっていたのかまでは詳しくは知りません。もしかすると，前後のつながりもないまま，監督署の窓口業務の一片を切り取ったようなものだったのかもしれませんが，その理由を問わずに「喘息」＝「労災」のようなイメージを視聴者に与えてしまうと，監督署に対する問合わせや労災請求が殺到して業務が回らなくなるということが危惧されることから，上記の係長から意見が出されたものでした。

実際，2005（平成17）年にクボタショックという石綿工場の周辺住民への被害が明らかとなったことがあり，その年には石綿救済法が成立するなど，社会的な大問題となりました。

そのことがテレビでも大きく取り上げられ，問題となった地域の労働局のみならず，全国的に石綿に関連する業務が増加しました。そのため，石綿関係の業務のために全国的に人員の配置がされただけでなく，上記の工場を有する地域の労働局へは特に増員がされたという経緯を，筆者としても経験しました。

要するに，メディアにより，行政は窓口・本省を問わず影響を受けることがありますので，その点で，メディアの報道内容には関心を有しています。

そのため，筆者が当時在籍していた部署では，毎朝，新聞の記事をチェックし，労災関係の記事があれば，その内容が事実かどうかを確

認し，上司に報告の上，対応の要否等を検討することが日常的に行われていました。

特別加入の全部労働不能

> **Q**
>
> 「全部労働不能」とはどういう意味ですか？
>
> **A**
>
> 　終日労働できず休業する場合を指すものですが，所定労働時間の一部を療養のため通院するなどして労働できない場合に休業補償給付をどの範囲で行うかという「一部労働不能」と対置されるものです。
>
> 　もっとも，特別加入においては，それ以上に，重篤な症状を有するものとして実務上の運用がされているような印象です。

 解　説

▌全部労働不能

　中小企業事業主等の特別加入のリーフレットには，休業補償給付の支給要件として，次のような注意書きがあります。

　「休業（補償）等給付については，特別加入者の場合，所得喪失の有無にかかわらず，療養のため補償の対象とされている範囲（業務遂行性が認められる範囲）の業務または作業について全部労働不能であることが必要となっています。全部労働不能とは，入院中または自宅就床加療中もしくは通院加療中であって，補償の対象とされている範

囲（業務遂行性が認められる範囲）の業務または作業ができない状態
をいいます。」

　この記載は，昭和40年11月１日基発第1454号「労働者災害補償保険
法の一部を改正する法律第二条の規定の施行について」で示されたも
のですが，そこには，上記の全部労働不能の解釈のほか，その具体例
として次のような記載もされていました。

　「たとえば，建設業の一人親方が請負工事現場（自家内作業場を含
む。）における作業及び請負契約のための下見等業務遂行性が認めら
れる行為が行えないことが客観的に認められる場合は，休業補償給付
が支給されることとなる。」

全部労働不能を必要とする理由

　特別加入者は，海外派遣を除けば，労働契約に基づき所定労働時間
が定められているものではありません。そのことからすれば，所定労
働時間の一部について労働不能という場合を観念することができませ
ん。

　特別加入者が，労働者と同様の作業に従事するとしても，もともと，
業務の都合等を踏まえて自己の判断でこれに従事していたことからす
れば，その時間を任意に変更したことが，一部労働不能を理由とする
のか，業務の都合によるのかは区別がつきません。後者のような場合
にまで保険給付を行うことはできないといえそうです。

　そのため，特別加入者については，休業補償給付について，「全部」
労働不能が，その給付の要件となるのは自然なことだと理解されます。

解釈の混乱？

　もっとも，筆者が厚生労働省に在籍していた際，各労働局の担当職
員の要望として，「全部労働不能の事例集を作成して欲しい」という

ことが挙げられていましたが，その理由は，どのような場合であれば全部労働不能と認めてよいのか判断が難しいということでした。

その判断の難しさは，上記通達において，「請負契約のための下見等」という事業主の本来的業務ともいえそうな業務についても行えないことがその例示として記載されたことに由来すると思われます。

その結果，「全部労働不能」というのが，「一部労働不能」と対置されるものではなく，症状の重篤性を示す意味で用いられていると理解され，その要件がかなり厳しく運用されているのではないかと思われました。

筆者の考える本来的な運用

確かに，上記通達には，そのような趣旨は記載されていませんので，「全部労働不能」をそのように理解する必然性はないと言われればそうかもしれませんが，特別加入が，非労働者について，労働者性を擬制して労災保険の加入を認めるためのものであり，労働基準監督署の保険給付の事務もそのことを前提とした能力により行うことが想定されたはずです。

そうであれば，特別加入者についても，基本的には，本来の労働者について労災保険を適用する場合と同様な取扱いが予定され，上記通達で用いられた「全部労働不能」という文言も，「一部労働不能」との関係で使われたはずです。上記通達に「全部労働不能」の意味が記載されなかったのは，おそらく，当たり前のことだから明示しなかったというのがその理由だと思われます。

そのため，労働者と同様な態様での作業が困難であっても，事業者としての本来的な業務を行わなければならず，その程度のことは可能といえる場面（例えば，融資のために銀行に赴くなどのこと）は当然ながら想定されうるものです。その場合には，休業補償給付を行うことも許容されるべきではないでしょうか。

　もちろん，筆者のような理解をすれば，すべての事案での判断が容易になるとは思われませんが，少なくとも，申請書に記載のある業務について，終日，従事しなかったことを前提として，そうすることが相当な症状にあるかという判断を行えばよいという判断枠組みにはなるはずです。

　実際，労働基準監督署では，労働者の場合において，終日労働に従事しなかった場合であっても，休業補償給付を支給すべき状態にあるかどうかの判断については，医師の意見を聞くなどしながら，日常的な業務として行っているものです。反対に，医師に「全部労働不能といえますか？」と聞いても「？」となるはずです。

　そのため，上記のように特別加入者の全部労働不能についても，労働者の場合と同様に理解すれば，労働者の場合と同じような規範的な判断が可能であるといえ，特別な概念であると考える必要はなくなるはずです。

　また，その結果，特別加入者に対する休業補償給付について，そのように理解する場合よりも，少し，保険給付がされやすくなるのではないでしょうか。

　筆者としては，どこかで，労働基準監督署長の特別加入者に対する休業補償給付の不支給決定を争い，裁判所が「全部労働不能」の判断を示すことがないか，筆者の理解が肯定されないかと，密かに期待するところです。

未払賃金の立替払い制度の財源

 解　説

未払賃金の立替払制度

　賃金の支払の確保等に関する法律は，次のとおり，7条に未払賃金の立替払制度を規定し，政府がこれを行うものとしています。

（未払賃金の立替払）

第7条　政府は，労働者災害補償保険の適用事業に該当する事業（労働保険の保険料の徴収等に関する法律（昭和四十四年法律第八十四号）第8条の規定の適用を受ける事業にあっては，同条の規定の適用がないものとした場合における事業をいう。以下この条において同じ。）の事業主（厚生労働省令で定める期間以上の期間にわたって当該事業を行っていたものに限る。）が破産手続開始の決定を受け，その他政令で定める事由に該当することとなった場合において，

当該事業に従事する労働者で政令で定める期間内に当該事業を退職したものに係る未払賃金（支払期日の経過後まだ支払われていない賃金をいう。以下この条及び次条において同じ。）があるときは，民法（明治二十九年法律第八十九号）第474条第2項から第4項までの規定にかかわらず，当該労働者（厚生労働省令で定める者にあっては，厚生労働省令で定めるところにより，未払賃金の額その他の事項について労働基準監督署長の確認を受けた者に限る。）の請求に基づき，当該未払賃金に係る債務のうち政令で定める範囲内のものを当該事業主に代わって弁済するものとする。

ところで，同法9条は，次のようにも規定しています。ここで，「この章」というのは，同法第3章「未払賃金の立替払事業」のことを指しています。

（労働者災害補償保険法との関係）
　第9条　この章に規定する事業は，労働者災害補償保険法（昭和22年法律第50号）第29条第1項第3号に掲げる事業として行う。

このことから，労働保険料（労災保険と雇用保険の各保険料）のうち，労災保険の保険料が，この事業の財源となっていることがわかります。

実際に，労災保険法29条1項3号は「業務災害の防止に関する活動に対する援助，健康診断に関する施設の設置及び運営その他労働者の安全及び衛生の確保，保険給付の適切な実施の確保並びに賃金の支払の確保を図るために必要な事業」と規定してそのことを明記しています。

▋財源の妥当性

ところで，賃金の不払いについては，労働契約の本質部分に係るリスクである以上，雇用保険料をその財源にすべきではないかという疑問が生じるかと思います。

確かに，雇用保険の保険給付がされる場面と未払賃金の立替払いが行われる場面では，雇用関係が存在している場合であるのか，既に消滅した後の場合であるのかという違いや，既発生の債権と将来的に受けうる保険給付という違いはあります。

しかし，失業（雇用関係が消滅）したときに収入を得られないリスクと，事業が事実上倒産した場合において賃金の支払いを受けられず収入を得られないリスクとで，いずれについても保険事故として捉えてしまうことに本質的な差はないように思われます。

筆者が厚生労働省に在職していた頃，この点について，国会議員から質問がされることがよくあったようですが，政府の答弁や行政職員によるレク対応では，この事業については労災保険の保険料で行うべきであるとの説明が一貫してなされていると聞いたことがあります。

今回，本書を執筆するにあたり，国会の議事録をいくつか探してみましたが，適当な答弁を見つけることはできませんでした。

筆者としては，立法の過程において，おそらく，事業の執行を担うのに適した部署がどこになるのか（監督署なのか安定所なのか），その場合，当然ながら事務を所管する部署の財源を当てるべきだという議論があったのではないかと推測するものです。もっとも仮に，何らかの答弁が見つかっても，そのような観点での答弁ではなく，形式的な理屈が説明されているものと予想します。

ご関心があれば，探してみてください。

遅れて提出された労働者死傷病報告と自首の成否

Q

　労災隠しで司法処分とされそうですが，これからでも労働者死傷病報告を提出すれば，自首が認められないでしょうか？

A

　この場合は，自首にはなりません。

解　説

刑法42条：自首等

　刑法42条は，次のように，自首した者に対して任意的に減刑できることを規定しています。

（刑法）

第42条　罪を犯した者が捜査機関に発覚する前に自首したときは，その刑を減軽することができる。

2　告訴がなければ公訴を提起することができない罪について，告訴をすることができる者に対して自己の犯罪事実を告げ，その措置にゆだねたときも，前項と同様とする。

　では，労働者死傷病報告を提出していなかったところ，労働基準監督官が捜査に着手し，送検手続を取ろうとする場合，遅れてでも提出したことにより，自首の成立を主張することはできないでしょうか。

自首の定義

　自首とは，犯罪または犯人がだれかがわからないうちに，犯人が自ら捜査機関に申し出ることをいいます。

　そのため，上記の場合であれば，既に労災隠しとして捜査に着手していますので，これから労働者死傷病報告を提出したところで，これを理由に捜査自体が取りやめになることはありません。むしろ，労働者死傷病報告を提出すべき状況にあったことの証拠ないし事情の1つとして扱われるはずです。

　また，遅れて労働者死傷病報告を提出した場合であっても，そのことが考慮されるのは，検察官が起訴するかどうかの場面か，実際に裁判となり，有罪とされその量刑を検討する場面においてです。

　そして，自首は認められないとしても，有利な事情とはいえそうですが，多くの事件で，略式裁判により罰金刑とすることを前提に手続が進むことを考えれば，これを有利に斟酌して結果に反映してもらうことは，なかなかできないと思われます（略式請求の場合に，これを理由に罰金の額が大きく変わるとは思えません）。

　そうすると，今更，労働者死傷病報告の提出をしたところで意味がないようにも思われますが，行政職員としての労働基準監督官からすれば，提出を受けて，是正が確認されたとして，是正勧告としての行政指導を終えることにはなります。

　また，上記のとおり，刑事裁判においても，一応は，有利に斟酌してもらえる事情にはなりますので，遅れてでも提出しておくほうが無難と思われます。

監督署等で用いられる略称

 解　説

▌略　称

　これまでに，労働基準監督署を舞台にしたドラマもいくつか放送されていますので，既にご存じの方も多いかもしれませんが，労働基準監督署内では，業務上用いる用語を略して使うこと等が多くあります。

　役所を退職してだいぶ時間が経っていますが，筆者が覚えているものを挙げると次のようなものがあります。

サイチョウ	災害調査
カントク	臨検監督
テイカン	定期監督
サイカン	災害時監督（「ワザワイカン」ともいいます）
サイカン	再監督（「フタタビカン」ともいいます）

シンコク	申告監督
チンコウ	賃金構造基本統計調査
アントク	安全管理特別指導事業場
エイトク	衛生管理特別指導事業場
トウセキ	統括安全衛生責任者（安衛法15条）
アンセン	産業安全専門官（安衛法93条）
エイセン	労働衛生専門官（安衛法93条）
ネンコウ	年度更新
カントクショ	労働基準監督署
アンテイショ	公共職業安定所

送検手続の名義

Q

送検手続は誰の名義で行いますか？

A

一般的に，監督署長の個人名（労働基準監督官○○）で行います。

 解　説

送致書の名義

　事件を検察庁に送致する際には，送致書という書類を作成し，その
ときに送致すべき書類をすべてこれに綴り，証拠物があればそれも含
めて検察庁に送ります。

　このとき，実務上，司法警察員である監督署長の個人の名義で行う
こととしていますが，署長以外の監督官が自己の名義で送致を行うこ
とはできないのでしょうか。

刑事訴訟法の規定

　このことについて，刑事訴訟法では，司法警察員が検察官に対して，
書類および証拠物を送致するものとされていますが（203条1項，246

条)，所属する官庁の長でなければならないものとはされていません。

　そのため，司法警察員である以上，監督官が自己の名義で，検察官に対して事件を送致することも可能ではあります。

署長以外の監督官名義での送致事例

　実際，筆者が監督官となって1年目だったと思いますが，どこの局・署の方であったかは覚えていませんが，とある監督官が，署長名ではなく，自己の名義で事件を送致したことが新聞に記事として掲載されていました。

　どういうことかというと，署内で司法処分とすべきかどうかを会議で検討したところ，司法処分とはしないとの結論が出されたものの，その監督官が，これに従わず，自己の名義で送致したというものでした。それまでに事件に関わっていた監督官としては，署内のこの決定に納得できず，刑事事件として立件すべきとの判断から行ったようです。

　これについては，一般的な役所内での事務処理からは考え難いことではありますが，法令上の問題はなく，現役の監督官からは，このことに共感する意見が多かったように記憶しています。

行政の方針から生じるジレンマ

　その理由については，本編でも少し触れたことで，厚生労働行政として，重大・悪質な事案に限り司法処分とする方針を掲げていますが，このことを反対にいえば，それ以外の事案は，刑事事件とせずに，行政指導を主として行うことを意味します。

　そのため，監督官としては，違法状態の改善を求めるために行政指導を行うことが主たる業務となりますが，行政の指導だからといって，どのような事業主も素直に応じるものではありません。その結果，監

督官の多くは，事業主に対して是正を説得することが主たる業務となってしまい，その負担の大きさに疲弊してしまいます。

　そのため，法違反を認識しながらもその是正を行わない事業主に対しては，説得を続けることに限界もあり，そうすると，司法処分として刑罰を科すべきという考えに至りやすくなります。

▋自白事件

　また，労働関係法令違反に限らず，立件される事件の多くは，被疑者が捜査・訴追の対象となる事件の犯罪事実を争わずに認める自白事件であるところ，労働基準監督官が捜査する事件についても同様の傾向にあります。

　そのため，重大・悪質な事件について司法処分を行う場合であっても，そのほとんどは事業主も法違反をシビアに争うこともなく，観念した上で捜査に応じることがほとんどです。例えば，労災により労働者が死亡したような事案であれば，その結果の大きさから，捜査に応じないという態度をとることはほぼありません。賃金の不払いであっても，事業自体が事実上倒産し，行方をくらましているようなときは別ですが，やはり，同様に，捜査に協力的であることがほとんどです（事業主が行方をくらませ，捜査ができないこともありますが，その理由は，捜査や訴追を避けるというよりも事業が破綻し，債務を返済できずそれから逃れるというのがほとんどです）。

　そうすると，重大・悪質な法違反ではないとしても，そのことを認識しながら行政指導に従わない事業主であればあるほど，刑事責任を取らせるべきだと考えることも自然な発想ないし感情であるといえますが，現実的には，粘り強く説得を続けて是正をするようにしているのが実際のところです。

　以上のようなジレンマの中で業務に従事する監督官からすれば，署内の組織的な決定に反する行為であっても，個人的な正義感に基づき事件送致した行為については，批判的な意見ではなく，多くの監督官がこれに共感したというものです。

―第8節―

使用停止命令

Q
使用停止命令は監督官が個人の名義で行うものでしょうか？

A
ほとんどは署長名で行います。

 解　説

安衛法の規定

　安衛法98条1項は，都道府県労働局長および労働基準監督署長に対して，使用停止命令等の権限を付与する規定ですが，事業場や機械等に違法な状態がある場合，局長や署長自らが使用停止命令等を行うために，事業場に臨検するのでしょうか。

実務上の取扱い

　安衛法98条3項は，局長や署長でない労働基準監督官であっても，署長の使用停止命令等の権限を即時に行うことができるとされていますが，「急迫した危険」があるときでなければならず，要件として，局長ないし署長が処分を行いうる場合よりも厳しい要件が課されてい

263

ます。

　実際，令和2年の労働基準監督年報（https://www.mhlw.go.jp/bunya/roudoukijun/kantoku01/dl/r02.pdf）によれば，定期監督等の実施件数は11万6,317事業場あり，そのうち，使用停止等命令処分等実施状況は，4,604事業場となっていますが，緊急措置命令事業場数は1件もありません（労基法103条，安衛法98条3項）。

　もっとも，局長や署長が事業場に臨検して，使用停止命令書を交付することが現実的かというとなかなか難しいところがあります（フットワークの軽い署長もいたことを否定するものではありませんし，最近では，人員削減や組織の職員構成の変化により，署長自ら現場に赴くことが少なくないとも聞いたことがあります）。

　そのため，筆者が労働基準監督官だった頃は，監督に赴く場合には，あらかじめ署長名の記名のある使用停止命令書を持参し，あるいは，場合によっては，事業場の責任者を監督署に来署するよう求め，その際に，署長名で同書を交付するなどの対応をとっていました。おそらく，事実上，同法98条1項の権限として，処分を行っていたものと理解されます。

不思議な使用停止命令書

Q

使用停止命令書はこのようなものでしょうか？

A

記載内容は概ねそうですが，命令の内容に非常に違和感を覚えます。

使用停止命令書

平成○年○月○日

(株) ○○　殿

○○労働基準監督

労働基準監督署長○○　　　印

貴事業場における下記の「命令の対象物件等」欄記載の物件等に関し、「違反法令」欄記載のとおり違反があるので労働基準法第96条の3、103条、労働安全衛生法第98条に基づき、それぞれ「命令の内容」欄及び「命令の期間又は期日」欄記載のとおり命令します。なお、この命令に違反した場合には送検手続をとることがあります。

番号	命令の対象物件	違反法令	命令の内容	命令の期間又は期日
1	フォークリフト	労働安全衛生規則第151条の21	フォークリフトの定期検査を行うこと	平成○年○月○日

1　上記命令について、当該違反が是正された場合には、その旨報告してください。なお、「番号」欄に□印を付した事項については、今後同種違反の繰り返しを防止するための点検責任者を事項ごとに指名し、確実に点検補修を行うよう措置して併せて報告してください。

2　この命令に不服がある場合には、この命令があったことを知った日の翌日から起算して60日以内に厚生労働大臣○○労働局長○○労働基準監督署長に対して審査請求をすることができます（命令があった日から1年を経過した場合を除きます。）。

3　この命令に対する取消訴訟については、国を被告として（訴訟において国を代表するものは法務大臣になります。）、この命令があったことを知った日の翌日から起算して6か月以内に提起することができます（命令があった日から1年を経過した場合を除きます）。

4　この命令書は3年間保存してください。

受領年月日、受領者

平成○年○月○日　○○　印

解　説

とあるHPに掲載のある使用停止命令書

　筆者が，本書を執筆するにあたり，その内容の正確性を確認するために，インターネットで検索をしていたところ，とある士業の事務所のホームページに辿り着きました。そこには，上記のような使用停止命令書の例が掲載されていましたが，非常に不思議な内容をいくつか含んでいます。

　その1つは，使用停止命令の意味と是正勧告との違いを理解していれば気付きやすいと思われます。これを作成した方は，おそらく行政手続法を確認してこのような記載をされたのだと思いますが（そのような意味では理論的にはありえなくもないとしても），やはり違和感を覚えます。筆者が退職してのちに，行政内での運用が変わったのであれば別ですが，そうでなければ，上記の違反事実について，このような使用停止命令書の交付はしないはずです。

　もう1つは，やや細かい話ではありますが，実務経験がある者からすれば，極めて強い違和感を覚えます。これを作成した方は，おそらく，行政手続法は確認したけれど，安衛法については，法律・政令・省令がどのように関係しているのかを確認していないものと思われます。

　他にも不思議な記載内容があるかもしれませんが，いずれについても，ここでは，あえて正解は示しません。

　気になる方は，安衛法等を調べてみてください。

―第10節―
一般司法警察員による
労基法違反事件等

Q

　労働基準監督官ではない（一般）司法警察員が労基法違反を立件することはありますか？

A

　筆者としては，未成年者を就労させた場合ぐらいしか知りません。

 解　説

一般司法警察員との関係

　一般司法警察員も，労基法や安衛法等の違反を捜査して検察庁へ事件送致することができることは説明しましたが，例えば，仮に，強制労働（労基法5条）があったとしても，おそらく，同条違反ではなく，暴行，傷害，逮捕・監禁等の刑法の規定する各罪によるものと考えられます。

　もっとも，一般司法警察員も，筆者が見聞きした限りでは，未成年者の違法就労（労基法56条，118条1項）について立件することはよくあるようです。新聞記事等の報道によってもたまに見かけることがあると思われます。

　またその場合，被害者が15歳未満の場合，行政官庁（労働基準監督

署長・労基法56条2項，年少者労働基準規則1条）から許可を受けなければこれを使用することはできないため，一般司法警察員から労働基準監督署に対して，捜査関係事項照会書が送られてきて，回答を求められることを目にしたことがあります。

窃盗団

他方で，筆者がまだ監督官1年ないし2年目の頃，上司と共に賃金不払の申告を受けて，その監督を行うべき事案がありました。

しかし，事業場へ臨検監督する前に，申告をした労働者だけでなく，その事業場で働いていた労働者が，次々に逮捕されたことがあり，また，監督をしようにも，事業主についても行方がわからないという状況だったと記憶しています。

理由は，のちにわかったことですが，その労働者が雇われていた事業主というのが，建設現場から重機を盗み出しては海外に輸出して売り捌いていたというものでした。

労働基準法は，たとえ違法な行為を目的とした事業に雇用されたとしても，その適用が除外されるものではありませんので，その労働者が逮捕されたとしても，申告に基づく対応を行う必要性がなくなるというものではありませんでした。

そのため，筆者は上司と共に，警察署の面会室で労働者に面会し，労働者に対して申告についての処理を継続することを望むかどうか確認したところ，これ以上の対応は求めないとことでしたので，申告についてはそれにより一応は終了しました。

その後，その申告をした労働者について，窃盗罪の共犯者として起訴されたかどうかまでは知りませんが，当然ながら，その労働者を窃盗罪の疑いで逮捕した司法警察員からすれば，賃金不払があるかどうかは窃盗罪の成立に関係がありませんので，それを理由に何らかの特別な対応を求めうるものではありません。

　また，かなり後になってのことですが，重機窃盗団の事業主も逮捕されたとの記事が新聞に掲載されていましたが，間違いなく，賃金不払いについては捜査の対象にもなっていないものと思われます。

「労働」の位置付け

Q
「労働」には，その言葉以上に何か特別な意味がありますか？

A
「公安労働」という意味を含めることもあるようです。

 解　説

▌略称・呼称等

　厚生労働省の職員の間では，労働基準監督署は「監督署」（公共職業安定所は「安定所」）と呼びますが，警察や検察は，労働基準監督署のことを「労基署」や「労基」と呼びます。

　社会一般では，後者の「労基署」を略称として使う方が多いかと思いますし，過去にテレビで放送されたドラマも「労基の〜」というタイトルだったと思います。

　しかし，厚生労働省の職員からすれば，「労働」を前提とした役所である以上，略称に「労」を含める必要がないため，「労基署」ではなく「監督署」と呼んでいるものと思われます。

安全週間

　また，略称といえば，厚生労働省は，毎年７月１日からの１週間を「全国安全週間」と定めて労働災害防止活動の推進のための活動を行っていますが，社会一般においては交通事故を防止するための「交通安全週間（運動）」という名称の方がよく知られているかもしれません。

　しかし，これらについては，全国安全週間は昭和３（1928）年から，交通安全週間は昭和23（1948）年からそれぞれ始まったもので，前者の方が長い歴史を有します。

　そのこともあり，厚生労働省では今でも全国「労働」安全週間とすることなく，単に「全国安全週間」として活動を行っているものです。

刑事司法における「労働」の位置付け

　これらと同じ理由からかどうかは知りませんが，労働安全衛生法については，監督署では「安衛法」と略しますが（本書でもそうしています），同法違反で事件送致を受けた検察官は，これを「労安法」と略して呼びます。警察でもそうだと思います。

　そして，今でもそうであるかまでは確認していませんが，労働基準監督官から事件送致を受けた検察庁では，いわゆる「公安労働」という括りで，公安事件を担当する部署に事件が配点されると聞いたことがあります。

　これも労働運動が社会運動として取締りの目が向けられてきたという，歴史的な事情ないし背景があってのことだと思われます。

業務上過失傷害と
労働関係法令の比較

Q

　労働関係法令の法違反は，犯罪を構成する要件が多いため，過失と人の死傷の結果があればよい業務上過失致死傷よりも，捜査・立件を行うのは大変なのでしょうか？

A

　一概にそうとはいえません。

 解　説

警察と労働基準監督官はどちらが大変か

　事業主の立場からすればあまり関係のないことですが，同一の労災事故について，警察と労働基準監督官のそれぞれが捜査を行うことがありますが，いずれの方が業務としての負担が大きいといえるでしょうか。

構成要件と証拠

　筆者が労働基準監督官になりたての頃，とある先輩が「我々は構成要件が多いから大変なんだ。業過は過失だけでいいからラクだ」と述

べていたことがありますが，これが本当であれば，一般司法警察員よりも，労働基準監督官等特別司法警察員の方が，司法事務における負担が大きいとも思われます。

　ここで，構成要件とは，犯罪が成立するために必要な要件（事実）のことをいいます。例えば，安衛法違反であれば，事業主であることや，作業に従事させた者が労働者であることも構成要件に含まれます。そうすると，確かに，労働基準監督官が捜査する安衛法違反等の犯罪は，それが成立するために満たすべき構成要件は多いように思われます。

　しかし，労基法や安衛法違反については，労基法が労働者名簿や賃金台帳の作成を義務付け，安衛法が義務付ける義務の内容が具体的に特定されていることが多く，何が立証の対象となり，その立証についても法定の資料が作成されている場合が多いことなどから，その立証のために，それほど困難を要しない場合もあります。

開かれた構成要件

　それに対して，業過の場合は，違反の前提となる「過失」の内容が法律上定まっているものではありませんので（開かれた構成要件），それ自体を特定することと，それを基礎付ける証拠等の収集には困難が伴う場合が多くあります。

　例えば，足場に手すりを取り付けていなかった場合については，業過の成立に必要な義務の特定（手すりを取り付けて使用させる義務）および立証についてそれほどの困難はないといえます。

　しかし，労働基準監督官が，労災事故とその死傷との因果関係は別にして，作業計画を策定しなかったことなどを法違反として事件として捜査する場合についてはどうでしょうか。

　例えば，コンクリート造建物の解体工事現場における労災事故があったとき，労働基準監督官としては，その作業計画を策定していないことを犯罪事実として立件することがあります（安衛法119条1号，

同法21条1項，労働安全衛生規則517条の14第1項）。その場合，安衛法違反としては作業計画を策定していない事実が認められれば犯罪の成立として十分ですし，また事業主の側からすれば，作業計画を策定していないことを正当化するだけの弁解が認められる余地もかなり狭くなることが想定されます。

　これに対して，業過における過失との関係では，この時に，作業計画を策定すべきであったという義務を特定し，そうすべき義務があったと認められるとしても，そうしていれば事故が防げたといえるかというと，直ちにそうは言い難い場合が多いはずです。

　また，業過については，その時の事故の発生状況等を踏まえ，そのような事故が予見できたのか，さらには，それを回避するためにどのようなことが可能であり必要であったのかを特定しなければなりません。作業計画を策定しさえすればよいということになるかは一概にそう判断できないはずです。

　おそらく，警察・検察がこのような事故を立件する場合，作業やその具体的な内容に踏み込んで，事故を防ぎうるだけの措置を行う義務を特定しなければならないことになるはずですし，解体工事の作業過程についての具体的な深い理解も必要となるはずです。

　場合によっては，専門的知見に基づいて予見が可能であるか，結果回避が可能であるかの立証を必要とすることもありますし，このときには，事業主の方が専門的知見を有する場合もあり，事業主の弁解の余地も大きくなり，警察としては，それを潰すための捜査（例えば専門家から意見を聞くこと等）を行う必要も出てきます。東日本大地震の東京電力の役員について，検察審査会の決議により強制起訴されるに至りましたが，検察が起訴を見送ったのは，業過について，このような難しさがあるからです。

　このように考えると，構成要件の多さを理由に，いずれの犯罪を立件する方が捜査の負担が大きいか軽いかは一概にはいえないということになるというのが正しい理解だと思われます。

労基法違反で逮捕されるか

Q

労基法違反で逮捕されることはありますか？

A

出頭を拒否し続けるなど，余程のことがない限りは逮捕されること
はないと思われます。

 解　説

▌逮捕の要件

　刑訴法199条１項は，「検察官，検察事務官又は司法警察職員は，被
疑者が罪を犯したことを疑うに足りる相当な理由があるときは，裁判
官のあらかじめ発する逮捕状により，これを逮捕することができる。
ただし，30万円（刑法，暴力行為等処罰に関する法律及び経済関係罰
則の整備に関する法律の罪以外の罪については，当分の間，２万円）
以下の罰金，拘留又は科料に当たる罪については，被疑者が定まった
住居を有しない場合又は正当な理由がなく前条の規定による出頭の求
めに応じない場合に限る。」と規定しています。

　そのため，SNSでの誹謗中傷が増加したことに伴う刑法の改正で，
これまで罰金と科料しかなかった侮辱罪の法定刑に懲役刑が設けられ

たことは，その科せられうる刑罰が重くなったという以上に，逮捕されやすくなったことを意味します。

賃金不払いの法定刑等

ところで，労基法120条に規定する条項違反は30万円以下の罰金です。これには，労基法24条の賃金不払い（残業代の不払いはこれに含まれません）の場合も含まれています。

そのため，賃金不払いについては，基本的には，正当な理由がなく出頭の求めに応じない場合にしか逮捕することはできません。

また，それ以外に懲役刑が法定刑として規定されている場合であっても，証拠を強制的に押収する捜索・差押えを行うことはあっても，やはり，被疑者の身体拘束を行うとなれば，監督署としてもかなりの負担が生じますので，逮捕を行うための内部的なハードルも，かなり高いものと思われます。

まして，司法処分よりも，労働条件の確保を優先する厚生労働行政の方針からすれば，事業主（会社代表者）を逮捕することにより事業が混乱することとなれば，労働条件の確保への影響も無視できません。

そのため，やはり，労基法違反についての逮捕は，余程の事情がない限りは行われないものと思われます。

労基法24条違反に懲役刑がない理由

なお，賃金不払いである労基法24条違反は罰金刑しか規定されていませんが，他方，残業代の不払いである同法37条違反には，罰金刑のほか，6か月以下ではありますが，懲役刑も規定されています。

その理由は，この理解が正しいかどうかはわかりませんが，通常の労働時間の賃金は，使用者と労働者の民事上の合意により支払いを義務付けられるものでしかないのに対して，残業代は，国が一定の条件

での支払いを使用者に対して義務付けたものという点で異なるからで
あると考えられます。

道路上での検問

> **Q**
> 警察の行う道路上での検問は，何か決まった手順がありますか？
>
> **A**
> 刑事事件となった場合も想定した手順で行っているものと思われます。

 解　説

警察の行う検問について

　労災から少し離れますが，刑事裁判における事実認定という観点から警察の道路交通行政での検問の仕方について少し触れておきたいと思います。これについては，筆者が監督官の頃ではなく，弁護士になる際に教えてもらったことです。

　警視庁および道府県警察が，道路上で検問をして車を止めるときには，皆さんもご経験があるかもしれませんが，次のようなことをします。

①　走行中の自動車の運転手席の方に止まるように指示をする
②　停止した自動車の運転席の方に話しかけ路肩に寄せるように指示する
③　路肩に寄せたところで免許証の確認等を行う

　このような手順で検問が行われるのは，当然といえば当然ですが，これには重要な意味があります，それを理解するために，道路交通法の次の規定を確認しておきます。

道路交通法
第2条（定義）
9　自動車　原動機を用い，かつ，レール又は架線によらないで運転し，又は特定自動運行を行う車であって，原動機付自転車，軽車両，移動用小型車，身体障害者用の車及び遠隔操作型小型車並びに歩行補助車，乳母車その他の歩きながら用いる小型の車で政令で定めるもの（以下「歩行補助車等」という。）以外のものをいう。

17　運転　道路において，車両又は路面電車（以下「車両等」という。）をその本来の用い方に従って用いること（特定自動運行を行う場合を除く。）をいう。

　自動車の定義からすれば，自動車とは，「原動機（エンジン）」を用い，かつ，レールまたは架線によらないで「運転」して用いる車のことを指します。そして，運転とは，「道路」において本来の用い方に従って用いることをいいます。
　そこで，例えば，無免許運転（同法64条）は，免許を受けないで自動車を「運転」することをいいますので，これを立件して有罪判決を求めようとすれば，上記の検問時にこのことが確認できなければなり

ません。

　そのため，警察官は，検問の際，運転席の方に指示をして，指示を受けた方がその車を，路肩まで，その原動機を用いて車輪を駆動させて移動して運転したことを確認し，さらに，その時に免許証を受けていないことまでを確認するために，上記①から③までのことを行っていると理解することができます。

　つまり，運転席に座っている方以外の方がその自動車を操作（例えば無線で操縦）しているものではなく，指示を受けた運転席の方が，自動車を降りて，後ろから自動車を路肩まで押して移動するのではないということを確認するということです。

　さらには，検問で止められる際に，警察は，確かに自動車が走行をしているところを見てはいますが，それが上記のような運転席に座った方が原動機を使って走行してきたといえない事情がないとも限りませんので（例えば，誰かに後ろから押してもらい，エンジンをかけることなく坂道を下り，その勢いで走ってきたなど），路肩まで実際に運転させ，その時の運転行為をもって立件するということになります。

　このようなことを行う理由は，刑事裁判において，被告人が無免許であったことは争わないとしても，運転をしていなかったという弁解がなされる可能性も否定できないからです。集団暴走行為等では，別人が運転していたという弁解はよく見受けます。

　確かに，このような弁解がされたとしても，検問という状況であれば，裁判所が合理的な弁解とは認めないとは思いますが，検察や警察としては，そのような弁解がされたとしても，それを覆すだけの証拠を準備して起訴しようとするのが通常です。

　そのため，検問時において，このような手順を踏むとともに，その旨の捜査報告書を作成することが行われ，場合によっては，その検問を行った警察官が，法廷でそのような事実を証言することができるようにしているということになります。

とある事例

　以上のことについて，そのような弁解が認められるはずはないと思われるかもしれません。

　しかし，筆者の個人的な経験においても，とある酒気帯びの状態で自動車の運転席に座っていた方（仮に「相談者」としておきます）が，「自分は運転していない」と否認を続けた結果，酒気帯び運転で違反とされることなく，起訴もされなかったということが実際にありました。

　その相談者は，早朝，道路の通行帯に自動車を停車したまま運転席で寝ていたところ，警察から窓をノックされ起こされ，その場で呼気検査を受けました。その結果，呼気から基準値を超えるアルコールが検出されました。

　しかし，相談者は，警察官から声をかけられ起こされた際，警察官に対して窓を開けて「すぐに移動します」と言って運転しようとしたところ，警察官から「ちょっと待って」と言われ，自動車から降ろされ，呼気検査を受けたものでした。つまり，警察官は，相談者が自動車を運転したところは全く現認していないものでした。

　そのため，相談者は，当初は，警察官に対し，自分でそこまで運転してきたことを認めましたが，その後の事情聴取においては，自分以外の人間が運転してきたと否認し続けるに至りました。

　それゆえ，警察としては，付近の防犯カメラの映像を精査するなどして，相談者がその頃に運転する様子が認められる証拠を確認しようとしたものと思われますが，結局のところ，酒気帯び運転で違反切符も切られなかったとのことですので，そのような証拠を見つけるには至らなかったのだと思われます。

監督官の場合

　筆者が監督官をしていた頃，工場内などで，フォークリフトを運転する方を見れば，事業場の事務所において技能講習の修了証の控え等で有資格者かどうかを確認することはしていましたが，運転者に対して止まるように求めることまではしていませんでした（安衛法61条，同法施行令20条11号）。

　司法処分よりも行政指導等による労働条件の確保を優先するという厚生労働行政の方針からすれば，一応は，このような監督のやり方でも問題はないと思いますが，上記の警察の検問の場合と同様に，事業主から，何らかの弁解がされたとき，それに対する反論まで準備できるようにしておくべきであったと，今更ながら反省すると共に，警察の技術に感心するものです。

【参考】 認定基準一覧

制定年月日	種別・番号	件名
昭和27年09月09日	基発第646号	・歯牙酸蝕症の業務上疾病としての認定基準について
昭和36年05月08日	基発第415号	・高気圧作業による疾病（潜函病, 潜水病等）の認定について
昭和36年05月29日	基発第489号	・ニトログリコール中毒症の認定について
昭和39年10月05日	基発第1158号	・有機燐系の農薬に因る中毒症の認定について
昭和43年02月26日	基発第58号	・都市ガス配管工にかかる一酸化炭素中毒の認定基準について
昭和46年02月05日	事務連絡	・カドミウム合金又はその化合物による中毒の認定について
昭和46年07月28日	基発第550号	・鉛, その合金又は化合物（四アルキル鉛を除く。）による疾病の認定基準について
昭和47年08月16日	基発第524号	・鉛中毒に関する認定基準等の周知徹底について
昭和50年09月30日	基発第565号	・障害等級認定基準について〔労働者災害補償保険法〕
昭和51年01月30日	基発第122号	・脂肪族化合物, 脂環式化合物, 芳香族化合物（芳香族化合物のニトロ又はアミノ誘導体を除く。）又は複素環式化合物のうち有機溶剤として用いられる物質による疾病の認定基準について
昭和51年01月30日	基発第123号	・二硫化炭素による疾病の認定基準について
昭和51年07月29日	基発第556号	・塩化ビニルばく露作業従事労働者に生じた疾病の業務上外の認定について

制定年月日	種別・番号	件名
昭和51年08月04日	基発第565号	・芳香族化合物のニトロ又はアミノ誘導体による疾病の認定基準について
昭和51年08月23日	基発第602号	・アルキル水銀化合物による疾病の認定基準について
昭和51年10月16日	基発第750号	・業務上腰痛の認定基準等について
昭和51年11月08日	基発第810号	・電離放射線に係る疾病の業務上外の認定基準について
昭和52年01月10日	基発第13号	・金属水銀，そのアマルガム及び水銀化合物（アルキル基がメチル基又はエチル基であるアルキル水銀化合物を除く。）による疾病の認定基準について
昭和52年05月28日	基発第307号	・振動障害の認定基準について
昭和57年09月27日	基発第640号	・タール様物質による疾病の認定基準について
昭和58年01月05日	基発第2号	・マンガン又はその化合物（合金を含む。）による疾病の認定基準について
昭和59年12月04日	基発第646号	・クロム又はその化合物（合金を含む。）による疾病の認定基準について
昭和61年03月18日	基発第149号	・騒音性難聴の認定基準について
昭和63年02月01日	基発第57号	・海外における業務による感染症の取扱いについて
平成05年10月28日	基発第616号	・せき髄損傷に併発した疾病の取扱いについて
平成05年10月29日	基発第619号	・C型肝炎，エイズ及びMRSA感染症に係る労災保険における取扱いについて
平成09年02月03日	基発第65号	・上肢作業に基づく疾病の業務上外の認定基準について

制定年月日	種別・番号	件名
平成13年03月29日	基発第195号	・眼の障害に関する障害等級認定基準の一部改正等について
平成14年02月01日	基発第201001号	・耳及び口の障害に関する障害等級認定基準の一部改正について
平成16年06月04日	基発第604002号	・障害等級認定基準の一部改正について〔労働者災害補償保険法〕
平成16年06月04日	基発第604004号	・眼の障害に関する障害等級認定基準について
平成18年01月25日	基発第125002号	・胸腹部臓器の障害に関する障害等級認定基準について
平成18年02月09日	基発第209001号	・石綿による疾病の認定基準について
平成21年04月06日	基発第406001号	・心理的負荷による精神障害等に係る業務上外の判断指針の一部改正について
平成21年07月23日	基発第723012号	・他人の故意に基づく暴行による負傷の取扱いについて
平成21年07月23日	基発第723014号	・緊急行為の取扱いについて
平成21年12月16日	基労補発第1216001号	・新型インフルエンザの予防接種により医療従事者に生じた健康被害の取扱いについて
平成22年07月01日	基発第701010号	・石綿による疾病の認定基準の一部改正について
平成22年07月01日	基労補発第701001号	・石綿による疾病の認定基準の一部改正に係る運用に関し留意すべき事項等について
平成22年09月09日	基発第909001号	・労災保険におけるHIV感染症の取扱いについて
平成22年09月09日	基労補発第909001号	・労災保険におけるHIV感染症の取扱いに係る留意点について
平成23年02月01日	基発第201002号	・外貌の醜状障害に関する障害等級認定基準について

制定年月日	種別・番号	件名
平成23年02月01日	基労補発第201001号	・外貌の醜状障害に関する障害等級認定基準の施行に当たって留意すべき事項について
平成23年03月24日	基労管発第324001号 基労補発第324002号	・東北地方太平洋沖地震に係る業務上外の判断等について
平成23年12月26日	基発第1226001号	・心理的負荷による精神障害の認定基準について
平成23年12月26日	基労補発第1226001号	・心理的負荷による精神障害の認定基準の運用等について
平成24年02月02日	基労補発第202001号	・潜在性結核感染症の取扱いについて
令和02年04月28日	基補発第428001号	・新型コロナウイルス感染症の労災補償における取扱いについて
令和03年09月14日	基発第914001号	・血管病変等を著しく増悪させる業務による脳血管疾患及び虚血性心疾患等の認定基準について
令和03年09月14日	基補発第914001号	・血管病変等を著しく増悪させる業務による脳血管疾患及び虚血性心疾患等の認定基準に係る運用上の留意点について
令和04年05月12日	基補発第512001号	・新型コロナウイルス感染症による罹患後症状の労災補償における取扱い等について